WIE MAN ABSOLUT ALLES BEKOMMEN KANN, WAS MAN WILL

IN SECHS PRAKTISCHEN, MACHBAREN, LANGE ERPROBTEN SCHRITTEN

von

MARGIE ALIPRANDI

VORWORT VON DENIS WAITLEY

www.lifesuccessmedia.com

ISBN: 978-3902114730
Originally published in the English language under the title
"HOW TO GET ABSOLUTELY ANYTHING YOU WANT" by Margie Aliprandi.

Cover designed by Allison Hays

Besuchen Sie die Website der Autorin:
www.margiealiprandi.de

Printed in Europe

Dieses Buch ist Ihnen gewidmet
und den wertvollen Träumen, die Ihr Herz füllen,
und der Großartigkeit in Ihnen, die sich freisetzen
will, und der Erkenntnis, dass alles, absolut alles,
was auch immer Sie wollen, Ihnen schon
jetzt gehört.

Weitere Ressourcen und PDFs aller Übungen
in diesem Buch finden Sie unter
www.margiealiprandi.de/downloads

Rezensionen

Bereiten Sie sich darauf vor, Ihr tiefstes Inneres zu erforschen, Ihre wahre Lebensaufgabe zu finden und darauf Wohlstand aufzubauen. Dieses Buch wird Ihnen helfen, sich selbstbewusst Ihren Träumen zu nähern und Ihre Großartigkeit zu manifestieren.

– Les Brown, Bestseller-Autor und Motivationsredner

~~~~

Ich kenne Margie Aliprandi schon lange. Zu einem gewissen Zeitpunkt hatte sie sehr wenig. Jetzt hat sie praktisch alles, und sie hat es sich ehrlich verdient. Sie ist selbst der Beweis dafür, dass das was sie lehrt funktioniert.

– Bob Proctor aus *The Secret* und Autor
von *Reich geboren werden wir alle*

~~~~

Wohlstandscoach Margie Aliprandi bietet wertvolle Tipps und kraftvolle Übungen, mit denen Sie in jedem Bereich Ihres Lebens Überfluss schaffen können.

– T. Harv Eker, Autor des NY Times- Bestsellers
Secrets of the Millionaire Mind

Dieses Buch ist ein Muss für jeden, der alles haben will, angefangen bei mehr Geld bis hin zu einem besseren Liebesleben.

– Dr. Joe Vitale, Bestseller-Autor und einer der Stars im Film *The Secret*

~~~~

Du kannst alles sein, was du sein willst. In ihrem Buch teilt Margie Aliprandi ihre bewährte Formel mit Ihnen, damit auch Sie das Leben führen können, das Sie sich wünschen, und sie hilft Ihnen, die Lücke zwischen dem Punkt, an dem Sie sich jetzt befinden, um dem, wo Sie sein wollen, zu überbrücken.

– Sharon Lechter, Gründerin und CEO von *Pay Your Family First*, Kommentatorin von *Outwitting the Devil*, Mitautorin von *Three Feet from Gold* und *Rich Dad Poor Dad*

~~~~

Ein praktischer Ratgeber, um das loszuwerden, was Sie nicht wollen und mehr von dem zu bekommen, was Sie in Bezug auf Liebe, Arbeit und Freizeit wollen.

– Janet Bray Attwood, New York Times Bestseller-Autorin, *The Passion Test*

~~~~
~~~~

Ein inspirierender und praktischer Wegweiser, um das Leben zu schaffen, das Sie sich wünschen.
– Greg S. Reid, Autor, *Think and Grow Rich Series*
(*Three Feet From Gold* und *Stickability*)

~~~~

Wenn Sie das Buch Wie man absolut alles bekommen kann, was man will lesen, ist es so, als würden Sie sich mit Ihrem eigenen, persönlichen Coach hinsetzen, der Sie bei der Hand nimmt und Sie durch genau das hindurchführt, was Sie tun müssen, um Ihre Träume wahr werden zu lassen.
– Marcia Wieder, CEO/Gründerin der *Dream University*

~~~~

Ich kenne Margie (beruflich und privat) und würde alles kaufen, was sie geschrieben oder aufgenommen hat, denn irgendwo in Ihren Aufzeichnungen erkennt man ihre Denkweise und die ist Millionen wert. Sie braucht nicht zu behaupten, dass sie anderen Menschen hilft; sie tut es einfach. Wenn das nicht das A und O des Geschäfts ist, dann habe ich keine Ahnung davon.
– Tim Sales, MLM-Multimillionär und Produzent
von *Brilliante Einkommensmöglichkeit*

~~~~
~~~~

Dies ist ein Arbeitsbuch zur Manifestierung des Lebens, das Sie sich wünschen. Vollgepackt mit großartigem Inhalt!

– Randy Gage, Autor des New York Times-
Bestsellers *Risiko ist die neue Sicherheit*

~~~~

Man kann so leicht in den Trott verfallen, im Leben auf Automatik zu schalten, statt es bewusst zu lenken. Es ist nie zu spät, das Ruder in die Hand zu nehmen! Von größeren Überholungen bis hin zu kleinen, aber wirkungsvollen Anpassungen können Sie Ihr Leben entwerfen, planen und führen, wie Sie es möchten. Doch da niemand es ganz alleine schaffen wird, haben Sie nun dieses großartige Buch zur Hilfe. Kurz gesagt, es zeigt Ihnen, wie Sie das Leben gestalten können, das Sie sich wünschen.

– Sandra Yancey, Gründerin und CEO
des *eWomenNetwork, Inc.*

~~~~

‚Wie man absolut alles bekommen kann, was man will' vermittelt eine profund wichtige Botschaft für den Erfolg im Beruf und im Privatleben. Margie stellt auf brillante Weise klar, dass für den Erfolg spezifische Ziele, detaillierte Planung und unnachgiebige Entschlossenheit nötig sind, wenn man das Beste aus sich machen will.

Dies ist ein wichtiges Buch von durchschlagender Bedeutung.
– Gary Ryan Blair, Autor des Bestsellers
Everything Counts!

~~~~

Glauben Sie, das Leben kommt, wie es kommt? Überdenken Sie Ihre Meinung! In der Tat ist es möglich, Ihr Leben ganz genauso zu planen und zu gestalten, wie Sie es möchten. Margie Aliprandi erklärt Ihnen in Wie man absolut alles bekommen kann, was man will, wie man es macht. Sie hat schon mehr als 1.000 Menschen geholfen, Millionäre zu werden und das Leben zu führen, das sie sich wünschen. Jetzt sind SIE dran. Fangen Sie heute an, dieses Buch zu lesen.
– Brandy Mychals, Autor des Bestsellers *How to Read a Client from Across the Room* und *Schöpfer des Character-Code-Systems*

~~~~

Margie hat nie zuvor dagewesenen Erfolg in der Network-Marketing-Branche erzielt und verdient ein Einkommen innerhalb der Ein-Prozent-Spanne – das ist eine Leistung, die von Vertriebspartnern wie auch Führungskräften bewundert wird. Kurz gesagt, sie hat es geschafft. Ihre Authentizität schafft das Vertrauen, um ihre zeiterprobten Methoden zu übernehmen.
– Richard Brooke, seit 35 Jahren ein Network-Marketing-Veteran und Autor von *Die 4-Jahres-Karriere*

~~~~
~~~~

In diesen Worten finden Sie die Zauberkraft von Margie. Ich kann bezeugen, dass Margie Aliprandi ihren eigenen Erfolg manifestiert hat, indem sie genau das getan hat, was sie in diesem großartigen Werk erklärt. Dies ist Pflichtlektüre für jeden, der sein eigenes Genie nähren will.

– Kody Bateman, Autor von Promptings, Gründer und CEO von *SendOutCards*

~~~~

„Alles kein Problem!" ist die Devise, um sein Leben nach seinen eigenen Wüschen zu gestalten. Kaufen Sie sich ‚Wie man absolut alles bekommen kann, was man will' und beginnen Sie, groß zu denken. Dieses Buch ist randvoll mit praktischen Strategien, die Ihnen helfen werden, alles, was Sie wollen, schneller und leichter zu bekommen, als Sie sich vorstellen können.

– Kristine Carlson, Erfolgsexpertin und gemeinsam mit ihrem verstorbenen Ehemann Dr. Richard Carlson Autorin der *Don't Sweat the Small Stuff*-*Serie* (in deutscher Übersetzung *Alles kein Problem!*)

~~~~

Haben Sie alles, was Sie wollen? Sind Sie wirklich glücklich, zufrieden, gesund, wohlhabend und erfolgreich? Wenn nicht, dann müssen Sie sich dieses Buch immer wieder zu Gemüte führen. Es ist ein sehr wertvolles Geschenk, denn es enthält die genauen Pläne für die Gestaltung und Schaffung des wundervollsten Lebens, das man sich vorstellen kann, und es wird Ihnen helfen, Jahre voller Niederlagen, Mühen, Schmerzen und Ängste zu umgehen. Ich wünschte, ich hätte es schon vor 30 Jahren gelesen.

– Darshan G. Shanti, Gründer von *Freedom Incorporated Inc.* und Autor von *The 24 Hour Champion – Discovering AND Living Your Priceless Life*

~~~~

Als Hochleistungscoach weiß ich, dass sich Erfolg vorhersagen lässt. Es gibt eine Formel — eine exakte Wissenschaft — für das Erlangen von allem, was man sich in Bezug auf Liebe, Leben und Geld wüscht. Dieses Buch erklärt den Prozess einfach und klar. Folgen Sie diesen Schritten und manifestieren Sie das Leben, das Sie sich wünschen.

– Brett Harward, Redner/Autor, *The 5 Laws that Determine All of Life's Outcomes*

~~~~

Dieses Buch wird Ihnen absolut klar machen, wer Sie wirklich sind, was Sie wirklich wollen und wie Sie ein erfülltes Leben in Wohlstand führen können.

– Jill Lubin, internationale Rednerin und Autorin von drei Bestsellern

~~~~
~~~~

Aliprandi umarmt Sie mitfühlend und packt Sie dabei gleichzeitig an den Schultern, um Sie wachzurütteln und Ihnen die Augen dafür zu öffnen, was Sie tun müssen, um das Beste aus Ihrem Leben zu machen.

– Eva Gregory, Autorin des Buches
The Feel Good Guide to Prosperity

~~~~

Wenn Sie eine auf vernünftigem Menschenverstand beruhende, Schritt für Schritt erklärte Anleitung lesen wollen, wie Sie für sich ein besseres Leben gestalten können ... dann wird Sie dieses Buch von Margie mit Sicherheit viel schneller zu Ihrem Ziel bringen. Genießen Sie die Lektüre ... genießen Sie die Reise.

– Mike Ferry, Gründer der *Mike Ferry Organization*, der führenden Coaching- und Trainingsgesellschaft im Immobilienwesen

~~~~

Danksagungen

Ich danke jedem aus tiefstem Herzen, der direkt oder indirekt zu diesem Buch beigetragen hat. Freunde, Teammitglieder, Mastermind-Partner, Mentoren, Kollegen und Vordenker und meine ganze Familie haben als Kollektiv einen Einfluss auf mich ausgeübt, der meine Seele inspiriert, meinen Charakter bereichert und die Wege meiner Lebensreise hell beleuchtet hat.

Vielen Dank an meine Eltern. Danke Mama und Howard (mein zweiter Vater) und danke Papa, der du uns gelehrt hast, dich vom ersten Augenblick an, wo wir sprechen konnten, „The Lovely Daddy" zu nennen. Meine liebe Mutter Kay Ellison und mein Lovely Daddy Robert Neil Christiansen, ihr habt uns nach den Grundsätzen dieses Buches erzogen. Ihr habt mich und Charisse Orton, meine süße Schwester und Kumpanin, mit gutem Beispiel angeleitet. Ihr habt uns mit eurer Liebe vollgefüllt und habt uns den unerschütterlichen Glauben vermittelt, dass wir unsere Träume verwirklichen können. Jetzt liegt hier in euren Händen der neueste Beweis dafür, dass ihr Recht hattet.

Vielen Dank an Shaun, Nicole, Todd und Ashley, dass ihr zu diesem Buch beigetragen habt, wie es nur die eigenen Kinder tun können. Wohl mehr als jeder andere habt ihr mich gezwungen, die Grundsätze auf diesen Seiten zu begreifen und zu üben, und ich meine nicht nur Geduld und Ausdauer (und das sage ich mit einem Lächeln). Ihr habt alle Tests mit Bravour bestanden und seid zu außergewöhnlichen Erwachsenen herangewachsen. Eure Mutter zu sein hat mich die wichtigsten Lektionen des Lebens gelehrt. Dank euch kenne ich die bedingungslose Liebe auf der tiefsten Ebene. Ihr seid das Wichtigste in meinem Leben und der Mittelpunkt meiner Freude.

Danke, Ray Zwisler, für deine Unterstützung bei jedem Schritt; dafür, dass du einer der wenigen warst, die das Manuskript von vorne bis hinten durchgelesen haben; für deine unvergleichlich wertvollen Ansichten; und dafür, dass du mein wertvoller Partner und Seelenverwandter bist. Dein Glaube an mich war stets unerschütterlich, auch wenn ich selbst an mir zweifelte.

Ich danke dir, mein lieber Freund Bill Marshall, dass du ebenfalls Wort für Wort durchgenommen hast und für deine ausgezeichneten Vorschläge – alles einfach nur aus der Güte deines großen Herzens.

Danke, Allison Hays, meine unersetzliche Assistentin, meine wertvolle Freundin seit Jahrzehnten und die Kaiserin meines Lebens. Ich danke dir, dass du alles managst und zusammenhältst, was ich schaffe. Und dass du es mit mir aushältst!

Und vielen Dank dir, Elizabeth Miller, für deine Klarheit und Weisheit bei der Leitung dieses Projekts. Als meine liebe Freundin und Texterin/Redakteurin hast du mich immer wieder vor mir selbst gerettet, wahrscheinlich öfter, als mir bewusst geworden ist. Du hast sogar den Prozess leicht und vergnüglich gemacht, abgesehen von jenen Zeiten, die so zermürbend und schmerzhaft waren. Und wir haben uns noch immer nicht gegenseitig umgebracht.

Schließlich vielen Dank an die großen Vordenker im Bereich der Persönlichkeitsentwicklung für all die kostbaren Samen und prächtigen Ernten, die ihr gepflanzt und eingebracht habt, um die zu nähren, die in ihrem Leben nach Größe streben. Ich habe eure unsterblichen Worte großzügig in dieses Buch gestreut.

Vielen Dank an alle. Ich liebe euch alle.

Inhalt

Vorwort

Als ich zum ersten Mal Margie Aliprandi traf, wusste ich gleich, dass sie etwas Besonderes war. Ich fand sie nicht nur klug, kreativ, engagiert und hilfsbereit, wenn es darum ging, anderen zum Erfolg zu verhelfen; ich entdeckte auch schnell, dass sie die grundlegenden Konzepte und Handlungsweisen gelernt und verinnerlicht hatte, die entscheidend für menschliche Hochleistungen sind. Da ich seit vielen Jahren ihre erstaunliche Karriere verfolgte, habe ich beobachtet, dass sie nach den Grundsätzen lebt, über die sie schreibt. Was mich am meisten an ihr beeindruckt, ist, dass sie bescheiden und ansprechbar ist – stets bemüht, ihr Wissen mit anderen zu teilen. Sie ist eine großartige Lehrerin, die nie aufhört, selbst zu lernen und sich weiter zu entwickeln – egal, wie viel Geld und Ruhm sie sich schon verdient hat. Sie hat nie vergessen, woher sie kommt und wer sie bei ihrem Aufstieg zur Spitze ihres Berufs beeinflusst hat.

In diesem Juwel von einem Buch führt Sie Margie mit einer großen Klarheit Schritt für Schritt durch die Fakten, die schon seit jeher gelten und die Sie, wenn Sie ihnen ernsthaft folgten, Ihre eigenen Schätze entdecken lassen, sei es Wohlstand oder Ihre Fähigkeit, einen positiven Unterschied in Ihrer Familie, der Gesellschaft oder in Ihrem Beruf zu bewirken. Sie möchte, dass Sie auf Ihre eigene Weise erfahren und erleben, was sie selbst während ihrer unglaublichen Reise zu Spitzenleistungen erfahren und erlebt hat.

Ich identifiziere mich voll und ganz mit den sechs Schritten in der Reihenfolge, wie Margie sie präsentiert. Margies Schritt 1,

„Entscheiden Sie, was Sie wollen“, ist ein wichtiger Ausgangspunkt. Indem Sie eine interne Überprüfung Ihrer tiefsten Neigungen und Talente vornehmen, nehmen Sie den nächsten Schritt vor: „Bauen Sie Glauben auf“ – Glauben an sich selbst und Ihre Mission. Einer der Gründe, warum so wenige Menschen wirklich bekommen, was sie wollen, ist, dass sie nie wirklich entscheiden, was sie wollen, daran glauben und sich auf das beabsichtigte Ergebnis konzentrieren. Margie zeigt Ihnen, wie Sie „eine fesselnde Vision schaffen“ und dann daran „denken, darüber sprechen und sie affirmieren, bis sie Wirklichkeit wird“. Jeder Olympiasportler, Astronaut, Unternehmer, Wissenschaftler, Künstler und Weltmarktführer, dem ich im Laufe meiner Karriere begegnet bin, hat genau das getan. Es gibt zwei Arten von Motivatoren: externe und interne. Die stärksten, dynamischsten Motivatoren sind jedoch immer mit Abstand diejenigen, die man „in sein Herz schließt“.

Geld, Stellung und Besitz sind externe Ziele, die wir alle verfolgen. Doch wenn wir eine Leidenschaft haben, die unser Herz beflügelt, bestehen wir all die Prüfungen viel leichter, die uns Rückschläge und Verzögerungen auferlegen, und wir machen weiter, bis wir unser Ziel erreicht haben. Margies sechster Schritt ist der Clou. Sie können entscheiden, glauben, visualisieren, verinnerlichen und Ihr Ziel tief ins Herz schließen. Aber wenn Sie nicht „handeln“ und jeden Tag einen kleinen Schritt auf dem Weg weitergehen, sind Sie ein Träumer und kein Macher. Eine Entscheidung ist nur ein Versprechen. Es ist schon wahr: Alles, was je erfunden wurde, war zuerst ein Gedanke. Dennoch ist die Welt voller unerfüllter Potenziale. Lesen Sie dieses Buch, lernen Sie die Schritte und gehen Sie hinaus, um diese wichtigen Lektionen in Handlungen umzusetzen.

Ich bin dankbar für die Gelegenheit, ein paar Worte über Margie und diese wunderbare Zusammenfassung ihrer Lebenserfahrung schreiben zu dürfen. Ich bin dankbar dafür, ihr enger Freund und Kollege zu sein. Und ich weiß, dass auch sie, wie sie so sprachgewandt in Kapitel 7 ausführt, dankbar für jeden Segen und jede Auszeichnung ist, die ihr je zuteil geworden sind.

Als einen letzten Punkt ermutige ich Sie, ihre Einleitung in dieses Buch zu lesen. Allzu oft überschlagen Leser diesen Abschnitt und gehen direkt zum ersten Kapitel über, begierig, die Handlungsanleitungen zu erhalten. Wenn Sie ihre Einleitung lesen, werden Sie ein tieferes Verständnis von der Fülle an Lebenserfahrung erhalten, von der Sie - unmittelbar, nah und persönlich – Geschmacksproben erhalten und genießen werden.

– Denis Waitley

Autor, gefragter Redner und Produktivitätsberater

Einleitung

Danke, dass Sie dieses Buch in Ihr Leben bringen. Ich habe es geschrieben, weil ich Menschen gern helfe, die Kräfte zu entdecken und freizulegen, die sie bereits besitzen, um das Beste aus ihrem Leben zu machen. Schließlich ist unsere Präsenz hier im Kontext aller Zeiten wie ein winziges Sandkorn an einer endlosen Küste. Bedeutet das nicht, dass Sie daher mit äußerster Dringlichkeit das Beste erstreben sollten, was dieses Leben zu bieten hat?

Wie sieht Ihr Lebens heute aus? Was wollen Sie noch, um Ihr Leben deutlich besser zu machen? Was möchten Sie beitragen, erreichen und erwerben, das Ihr Leben voller und befriedigender machen könnte? Oder wollen Sie gar ein Leben in enormer Fülle leben, um die Zeit voll auszunutzen, die Ihnen noch bleibt?

Ich bin mir sicher, dass Sie es bereits wissen: Sie haben die Freiheit, die Intelligenz und die Fähigkeit, alles zu träumen, wovon Sie träumen wollen. Sie haben auch die Möglichkeit, Ihre Träume in die Realität umzusetzen. Sie sind von Natur aus mit der Macht ausgestattet, etwas Neues zu erschaffen. Das Leben, das Sie jetzt führen, haben Sie selbst für sich geschaffen. Wenn Sie in der Lage waren, Ihre jetzigen Umstände zu erschaffen, können Sie auch neue und bessere erschaffen. Es ist wirklich so einfach.

Ich möchte das Märchen aus dem Weg räumen, dass es da ein Geheimnis gibt – in Wirklichkeit ist es eine völlig praktische Sache. Ich möchte die Meinung aus dem Weg räumen, dass man spezielle Fähigkeiten benötigt, um großartige und glorreiche Ergebnisse zu erzielen. Ich kann nicht der Vorstellung zustimmen, dass es da einen launenhaften Gott gibt, der sich entschieden hat, mich heute zu lieben, weil ich gestern irgendetwas getan oder nicht getan habe. Ich lehne die Idee ab, dass ich mit den Dingen belohnt werde, die ich haben möchte, wenn ich lieb und brav bin. Ich glaube auch, dass das weit verbreitete Konzept von „bitte-glaube-empfange" eine unvollständige Formel dafür ist, um zu erhalten, was Sie haben wollen.

Stattdessen erscheint es mir durchaus sinnvoll, dass man, wenn man bestimmte Schritte unternimmt und bestimmte Dinge tut und auf eine bestimmte Weise handelt, in der Tat die entsprechenden Ergebnisse erzielt.

Es gibt eine Formel, mit der Sie alles erhalten können, was Sie wollen. Es ist ein Prozess. Es gibt bestimmte Handlungsschritte. Es gibt einige zeitlose Prinzipien, die gelehrt werden, über die geschrieben wurde und die von erfolgreichen Menschen jeden Tag praktiziert werden. Jeder denkende Mensch kann diese für jedes rationale, realistische Ziel anwenden. Ich sehe das als Grundlage meiner eigenen Erfolge.

Ich war schon jahrelang eine erfolgreiche Unternehmerin gewesen, bevor ich erkannte, dass es eine Formel gab, die gelernt und praktiziert werden konnte, um für mich das Leben zu gestalten, das ich führen wollte. Bis dahin hatte ich tatsächlich geglaubt, dass ich nur Glück gehabt hatte und zur richtigen Zeit am richtigen Ort gewesen war. Und das jagte mir Angst ein. Wenn es nur „Glück" oder ein „Geschenk des Universums" war, wie könnte ich jemals einen früheren Erfolg wiederholen oder andere Menschen lehren, wie man erfolgreich wird?

Als ich Seminare besuchte, Bücher las und mich weiterentwickelte, erkannte ich, dass ich bereits bestimmte allgemeine Grundsätze angewendet hatte, ohne es zu merken. Ich lernte, dass es eine spezielle Anatomie des kreativen Prozesses gab und dass sie gelehrt und repliziert werden konnte. Als ich diese Grundsätze studierte und in Seminaren saß und mir Geschichten anhörte oder Erläuterungen von Prinzipien, konnte ich ehrlich sagen: „Das ist genau das, was ich bereits seit jeher tue! Jetzt kann ich es also wieder tun!"

Was für eine Erleichterung war es zu erkennen, dass es kein Zufall war, dass es nicht geschehen war, weil alle Sterne ausgerichtet waren, und dass es nicht etwas war, das nur mir passiert war und mir oder jemandem anderen nie wieder passieren würde! Ich brauchte mich nicht mehr zu wundern: „War es geschehen, weil ich ein braves Mädchen gewesen bin?" und „Was hatte ich getan, das mir so viel Glück gebracht hatte?"

Ach ja, ich sollte schon gestehen, dass ich quasi einen „besonderen Vorteil" hatte. Meine Erziehung hat mich aufgeschlossen gemacht und begierig, mich mit Disziplin um ein erfülltes Leben zu bemühen. Meine Mutter war ein gutes Vorbild durch ihre Lebensführung und ihre Art, nie ein „Nein" als Antwort zu akzeptieren. Sie hat mir die Überzeugung gegeben, dass „ich alles sein kann, was ich will", und sie hat sich immer dafür eingesetzt, mir Möglichkeiten für mein persönliches Wachstum und meine Selbstverwirklichung zu schaffen. Außerdem widmete sich mein Vater so stark der persönlichen Weiterentwicklung, dass sich dies enorm auf den Erfolg seiner Immobilienagentur und seiner Makler auswirkte. Ich identifizierte mich mit der Inspiration, Information, Beratung und Anerkennung, die er großzügig seinem Team zuteilwerden ließ. Er konnte Menschen motivieren und begeistern und sie zu Leistungen inspirieren, die sie selbst nicht für möglich gehalten hatten. Genau das wollte auch ich tun.

Er gab mir ein Tonband des seligen Russell Conwell, Acres of Diamonds, als ich neun Jahre alt war. Das war meine erste Begegnung mit Material zur Persönlichkeitsentwicklung. Es hörte sich an wie das Denken der „großen Menschen". Ich fühlte mich geehrt, dass er mir ein so erstaunliches Geschenk gemacht hatte, und ich hörte es mir immer wieder an. Mir wurde völlig bewusst, dass unsere Zeit knapp ist, und schließlich fühlte ich mich so angetrieben von dieser Erkenntnis, dass ich schon in diesem jungen Alter begann, jedem „Moment" ein Gefühl der Dringlichkeit zu geben.

Ich entwickelte eine Zärtlichkeit gegenüber Menschen. Ich wollte in der Lage sein, sie zu erheben, wie ich es meinen Vater tun gesehen hatte. Ich wollte ein Leben mit einem starken und definitiven Zweck führen. Ich wollte einen Unterschied bewirken und anderen helfen, das Gleiche zu tun. Ich wollte das Beste aus jedem Moment herausholen und in allen Bereichen meines Lebens hervorragend sein, das Beste tun, was ich tun konnte, das beste Beispiel geben und die aus tiefstem Herzen kommenden richtigen Handlungen ausführen.

Es kam dazu, dass ich aus dieser Grundlage heraus begann, bei der einen oder anderen Gelegenheit andere zu lehren, als ich im Alter von 14 Jahren Miss Teenage Utah wurde. Dieses überraschende Ereignis führte dazu, dass ich vor Gruppen von Jugendlichen und jungen Frauen über Selbstwertgefühl, das Erkennen seines eigenen Wertes, das Setzen von hohen Standards, Erwartungen und Zielen und das Erlangen wahren Glücks sprach. Später wurde ich Mrs. Utah und jenes überraschende Ereignis führte dazu, dass ich noch mehr motivierende Reden hielt und Frauen im ganzen Land als Vorbild diente.

Ich sang mit der Utah Opera Company, ging mit der USO auf Tournee, um die Truppen zu unterhalten, und trat in Theaterstücken auf. All das gab mir zusätzliche Erfahrung und bestärkte mich in meinem Bestreben, etwas Wichtiges zu bewirken. Gefühle beim Publikum hervorzurufen – es zum Lachen oder Weinen zu bringen und den Menschen Freude zu bereiten – gab mir das Gefühl, dass ich einen Beitrag leistete, und die Überzeugung, dass ich maßgeblich daran mitwirken konnte, den Bewusstseinszustand eines Menschen zu erweitern.

Ich arbeite so gern mit jungen Menschen, sodass ich schließlich eine Karriere als Musiklehrerin an weiterbildenden Schulen einschlug. Doch diese war nur von kurzer Dauer, denn ich hatte auch eine Familie und wollte viel mehr Zeit zu Hause verbringen.

Eines Tages bot sich die Gelegenheit, all die Dinge zu verbinden, die ich am liebsten tat: mehr Zeit mit meinen Kindern verbringen, auf meine eigene Weise und nach meinem eigenen Zeitplan von zu Hause aus arbeiten, entsprechend meiner Bemühungen vergütet zu werden und das zu tun, wozu ich wohl geboren war - Menschen zu helfen, sich ihres vollen Potenzials bewusst zu werden. Ich schloss mich einem jungen Network-Marketing-Unternehmen an und baute ein Team auf, das heute etwa 250.000 Menschen in den USA und 29 anderen Ländern umfasst.

Wenngleich persönliche Weiterentwicklung eine Voraussetzung für jedes Unternehmen ist, erfordert sie wahrscheinlich kein Beruf mehr als Network-Marketing. Auch wenn dieses Geschäftsmodell darauf basiert, dass Menschen einander gegenseitig helfen, hängt sein

Erfolg doch von der Bereitschaft unabhängiger Einzelpersonen ab, ihre Ängste zu verbannen und falsche Meinungen zu überwinden, sich aus ihren Komfortzonen heraus zu begeben, neue Grenzen in ihren zwischenmenschlichen Beziehungen zu überschreiten, eine starke Selbstmotivation aufrecht zu erhalten und sich immer wieder selbst am eigenen Schopf hochzuziehen.

Um diese Art von Geschäft erfolgreich aufzubauen, muss man selbst kontinuierlich auf einer recht tiefen Ebene wachsen. Ich erkannte, dass die ständige Weiterentwicklung meiner Persönlichkeit eine dauerhafte Notwendigkeit darstellte.

Ich fragte mich: „Welches Verfahren muss man anwenden, um planmäßig das zu schaffen, was man will? Wir wissen, dass wir ständig – bewusst oder unbewusst – Schöpfungsprozesse ausführen, aber worin bestehen diese Prozesse? Wie nehmen wir eine vage Vorstellung wahr, die uns in den Sinn kommt – jenes Etwas, wozu wir uns „berufen" fühlen und worin wir unsere einzigartige und persönliche Aufgabe sehen, und machen daraus eine Realität in der physischen Welt? Welche Geschehnisse im Verlauf des Prozesses beschleunigen oder behindern diese Verwirklichung?"

Rückblickend kann ich sagen, dass ich seit meinen ersten unternehmerischen Anfängen einen ganz konkreten evolutionären Prozess durchlaufen habe.

Erstens gab es eine einfache Entscheidung zu treffen: Ob ich mein eigenes Geschäft aufbauen wolle und in welchem Umfang. Ich war von Zweifeln und Ängsten erfüllt, weil ich eine alleinerziehende Mutter mit drei Kindern war, sehr wenig Geld und überhaupt keine Geschäftserfahrung hatte.

Um die Entscheidung überhaupt treffen zu können, musste ich ein Mindestmaß an Glauben aufbauen, dass ich die Arbeit erfolgreich tun könnte. (Und gleich hier muss ich einfügen, dass meine Eltern mir nie negative Überzeugungen zum Thema Geld eingetrichtert hatten, die meinen Glauben daran sabotiert hätten, dass mir das Geld zusteht.)

Sobald ich die Entscheidung getroffen und den Glauben aufgebaut hatte, dass ich die Arbeit tun könne, schritt ich zur Handlung. Als nächstes kamen noch mehr Zweifel und Ängste und sabotierende Gedanken auf, aber ich bekämpfte sie mit noch stärkerem Glauben.

Um den Glauben aufzubauen, musste ich eine Vision haben – die Fähigkeit, das große Bild von mir selbst zu sehen, wo ich äußerst erfolgreich war und anderen half, dasselbe zu erreichen.

Also dachte ich mir: Aha, so wird es gemacht! Hier ist das Erfolgsrezept. Das ist es, was ich selbst getan habe, und das ist es, was ich immer wieder - wenngleich auf unterschiedliche Weisen beschrieben und mehr oder weniger ins Detail gehend - in Seminaren und Büchern dargestellt sehe.

Du triffst eine Entscheidung, hörst dir den positiven und negativen inneren Dialog an, du baust Glauben auf, visualisierst dein Ziel und handelst. Es kann sein, dass du es mit ganzem Herzen willst, aber nicht genau weißt, was du tun musst. Aber wenn du trotzdem zum Handeln schreitest, gibt dir das Vertrauen und Feedback. Du lernst, was funktioniert und was nicht. Das führt dich zu einer klareren und erweiterten Vision und stärkt deinen Glauben. Doch dann, gerade wenn alles beginnt, gut zu laufen, wirst du von deinem inneren Dialog sabotiert. Also musst du dich darauf konzentrieren, daran zu arbeiten und sicherzustellen, dass dein innerer Dialog im Einklang mit deiner

Vision ist und dass du den Silberstreifen am Horizont sehen kannst. Irgendwo hier drinnen lernst du zu denken, zu sprechen und deine Ziele zu bestätigen, und du verbindest deine Ziele mit deinem Herzen.

Wenn sich allmählich positive Ergebnisse einstellen, beginnst du, das damit verbundene Gefühl zu lieben. Es fühlt sich gut an. Du triffst keine unglücklichen Entscheidungen mehr. Du führst immer mehr „richtige Handlungen" durch. Und alle diese Schritte überlappen sich. Es gibt offensichtlich entlang des ganzen Weges eine ständige Wechselwirkung zwischen ihnen.

Ich konnte endlich die sechs Schritte des Erfolgsrezeptes klar erkennen. Ich legte sie Bob Proctor, Denis Waitley und einigen anderen Freunden vor, die zu den großen Vordenkern unserer Zeit im Bereich des Erfolgscoachings und der Persönlichkeitsentwicklung gehören. Fehlte nichts? „Nein", sagten sie. „Es gibt zwar sicherlich verschiedene Möglichkeiten, diese Dinge auszudrücken - aber mit diesen sechs Schritten hast du alles abgedeckt."

Ich begann, „Die sechs Schritte, um alles zu bekommen, was du willst" in Vorträgen, Telefonkonferenzen und Seminaren zu lehren. Bald kamen Anfragen nach einem Buch. Und nun raten Sie mal. Ich folgte genau demselben Weg der Entscheidungsfindung, des Glaubensaufbaus, der Visionserstellung, des Umgangs mit dem inneren Dialog, der Verbindung mit dem Herzen und des Schreitens zur Handlung, um dieses Buch zu schreiben. Stellen Sie sich das vor.

Ja, das Rezept für die Erfüllung Ihrer Wünsche war, ist und wird für immer in verschiedenen Formen, Größen und Farben ausgedrückt werden. Meine Version ist bewusst weniger detailliert als andere, denn ich wollte Ihnen eine vereinfachte Anleitung für einen schnellen

Start geben, dem unmittelbar relativ rasche Fortschritte folgen werden. Machen Sie es kurz und bündig! Machen Sie es dringend! Das Leben ist viel zu kurz! Sie können es lernen, Sie können es tun und Sie können es wiederholen. Sie können erreichen, was Sie sich wirklich wünschen!

Ich hoffe, dass Sie nach Lektüre dieses Buches inspiriert und motiviert sein werden und sich selbst das Versprechen geben, das zu tun, was nötig ist, um ein erfüllteres Leben zu führen. Das bewährte und erprobte Erfolgsrezept ist hier. Alles, was jetzt noch hinzugefügt werden muss, sind Sie.

– Margie Aliprandi

Salt Lake City, Utah und San Diego, Kalifornien, USA

Januar 2013

KAPITEL 1

Schritt 1: Entscheiden Sie, was Sie wollen

„Diejenigen, die sofortige und sichere Entscheidungen treffen, wissen, was sie wollen und bekommen es in der Regel auch. Führungspersönlichkeiten in allen Lebensbereichen entscheiden schnell und unmissverständlich."

– Napoleon Hill

Da sind Sie nun und lesen dieses Buch wegen seines Titels, weil Sie hoffen, dass es Ihnen helfen wird, über den Ort hinaus zu gehen, an dem Sie sich heute befinden.

Und da bin ich und trete in Ihre Welt durch die gedruckte Seite ein, deren Inhalt Ihnen helfen wird, Ihren Weg zu finden. Besser gesagt, er wird Sie Ihren Weg schneller gehen lassen. Bis Sie stolz und aufrecht auf dem nächsten Plateau Ihres Lebens stehen, wo auch immer es sein mag. Sie werden dort ankommen, weil Sie in sechs Schritten dem Erfolgsrezept folgen werden, um das zu bekommen, was Sie wollen.

Und ja, Sie können es erlernen.

Ja, Sie können es meistern.

Und während Sie dies tun, wird es eine Idee vom ersten schwachen Geflüster des Begehrens in lautstark erschallende Wirklichkeit verwandeln.

GEBRAUCHSANLEITUNG FÜR DIESES BUCH

Kurz gesagt, Sie müssen einfach alles nutzen. Jedes Kapitel enthält eine oder mehrere Übungen. Die Übungen sind Mittel zur Selbstprüfung und zum Lernen und die Kapitel bereiten Sie jeweils auf diese Übungen vor. Sie dürfen aus den folgenden Gründen keine davon überspringen:

- Es gibt eine Lücke – und vielleicht eine sehr große – zwischen dem Zustand, in dem Sie sich jetzt befinden, und dem, den Sie erreichen möchten. Sonst würden Sie nicht diese Worte lesen.
- Sie sind kein „100 %-ig bewusster Schöpfer", sonst würden Sie nicht diese Worte lesen. Ich denke, dass wir getrost annehmen können, dass Sie noch nicht vollständig die Fähigkeit beherrschen, den Fahrplan Ihres Lebens nach Ihrem eigenen Gutdünken zu gestalten. Ich wette, dass Ihr Leben in einigen Bereichen „einfach irgendwie läuft". Ich nenne das „ein unbewusstes Leben". Sie erlauben, dass etwas anderes (Menschen, Dinge, Umstände) Sie davon abhält, Ihr Leben bewusst selbst zu gestalten. Also:
- Sie müssen die Gewohnheiten entwickeln, die Sie in die Lage versetzen, Ihr Schicksal selbst zu bestimmen. Gewohnheiten, die die Kluft zwischen Ihrem jetzigen Zustand und dem von Ihnen gewünschten Zustand kleiner machen und die Ihnen letztendlich zu dem verhelfen, was Sie wollen.

- Die Kapitel werden Ihnen zur Orientierung dienen und Ihr Verständnis erweitern. Die Übungen werden Ihnen helfen, Ihr inneres Selbst zu durchdringen, sie werden Sie auf Ihrer Erkundungsreise führen und Ihr Lernen auf eine tiefere Ebene bringen.

EINE VORRAUSSETZUNG

Ich habe es in der Einleitung gesagt und ich werde es wahrscheinlich noch mehrfach sagen. Sie können nicht anziehen, was Sie noch nicht haben, wenn Sie nicht dankbar für das sind, was Sie jetzt haben. Bevor Sie beginnen, müssen Sie also ehrlich und umfassend für alles in Ihrem heutigen Leben dankbar sein.

Moment mal. Dieses Buch will Sie dazu bringen, große, kreative, expansive Gedanken über Mehr-Haben-Wollen zu denken. Was auch immer Sie wollen. Nach oben sind keine Grenzen gesetzt. Alles ist möglich. Gehen Sie keine Kompromisse ein. Ich möchte, dass Sie nach den Sternen greifen. Sie mögen sich daher fragen: Ist nicht das ein Widerspruch? Wenn ich so viel mehr wollen soll, wie kann ich dann dankbar für den Status Quo sein?

Die Antwort ist, dass Sie beides zur gleichen Zeit tun können. Beides liegt in Ihrer Natur. Beides kommt aus derselben kreativen Stelle in Ihrem Inneren. Das Verlangen nach mehr, der Drang auszubrechen, die Sehnsucht nach Erfüllung – das alles ist ganz einfach der natürliche Impuls zu wachsen. Der Wunsch nach mehr liegt in Ihren Genen genauso wie Ihre Fähigkeit zur Dankbarkeit. Beide arbeiten Hand in Hand zu Ihrem Vorteil, solange Sie ihnen auf der Bühne Ihres Geistes die gleiche Anerkennung zukommen lassen.

Man kann es folgendermaßen auf den Punkt bringen: Konzentrieren Sie sich auf den Mangel und Sie bekommen mehr Mangel. Konzentrieren Sie sich auf Fülle und Sie erhalten mehr Fülle. Wenn Sie Ihr Leben in einem ständigen Zustand der Dankbarkeit für alles, was da ist, verbringen, können Sie mehr anziehen.

Beginnen Sie also bitte zuerst mit Dankbarkeit. Stellen Sie sie an die Spitze Ihres Denkens. Denken Sie an jede einzelne Sache, für die Sie dankbar sein können, genau wie sie jetzt ist, heute und jeden Tag.

STARTEN SIE MIT EINER KLAREN AUSSAGE

In diesem Kapitel werden Sie aufgefordert, diese einfache Frage zu beantworten: Was wollen Sie? Was wollen Sie wirklich? So einfach es scheinen mag - nur wenige Menschen können auf Anhieb eine konkrete Antwort geben. Ich habe Unmengen von ihnen getroffen. Ich habe selbst zu ihnen gehört. Und es ist kein Wunder. Wir alle führen hektische Leben und sind ständig damit beschäftigt, zwischen den verschiedenen Abteilungen des Lebens hin und her zu laufen. Wir bekleiden so viele verschiedene Rollen – in der Familie, in unseren Beziehungen, in der Gesellschaft, im Beruf; wir erfüllen unsere Pflichten, wir erbringen Leistungen, wir vollenden Aufgaben und so weiter. Da passiert es leicht, dass wir den Kontakt mit unserem inneren Selbst und den tief in der Seele gegründeten Dingen verlieren, die wir wirklich wollen.

Es ist Ihr inneres Selbst, wo Sie Ihre wahren Wünsche finden werden. Dort werden Sie noch etwas anderes finden, das nur wenige

Menschen je ernsthaft versucht haben zu definieren. Doch Sie werden hier und jetzt beginnen, es zu definieren. Oder wenn Sie es bereits getan haben, werden Sie es vielleicht überdenken und verfeinern wollen.

Was ich soeben als „etwas anderes" bezeichnet habe, ist der Zweck Ihres Lebens. Jeder hat einen, obwohl er oft versteckt ist. Aber jeder von uns kommt mit seiner eigenen Aufgabenstellung auf die Welt.

Sobald Sie Ihre Aufgabe geklärt haben, werden Sie schnell identifizieren können, was Sie wollen, und Sie werden die klare, engagierte Entscheidung treffen können, es zu bekommen.

Klarheit – eine glasklare Botschaft über Ihre Absicht – ist alles. An jeder Ecke. Bei jedem Schritt. Jeden Augenblick des Tages.

- Klarheit des Zwecks.
- Klarheit der Ziele.
- Klarheit der Entscheidung.

Denken Sie stets daran und gehen Sie ständig darauf zu.

> *„In jedem Moment der Entscheidung ist das Beste, das Sie tun können, die richtige Sache zu wählen, und das Nächstbeste ist, die falsche Sache zu wählen, und das Schlimmste, das Sie tun können, ist, nichts zu tun."*
>
> *– Präsident Theodore Roosevelt*

DURCHBRECHEN SIE DIE GEWOHNHEIT DER UNENTSCHLOSSENHEIT

Von all den Hindernissen, die sich Ihnen in den Weg stellen - wie riesige Felsbrocken, die einen Berghang herunter rollen und auf der Straße vor Ihnen zum Stillstand kommen - ist UN-Entschlossenheit in der Regel das erste, stimmt's?

Das Wort „Unentschlossenheit" deutet schon an, dass überhaupt keine Entscheidung zustande kommt. Dennoch treffen wir ständig Entscheidungen – sei es bewusst oder unbewusst.

> *„Wir können versuchen, Entscheidungen zu umgehen, indem wir nichts tun, aber auch das ist eine Entscheidung."*
>
> *- Theodore Hesburgh*

Das ist wohl der Grund, warum das Oxford Dictionary Unentschlossenheit nicht als das Fehlen einer Entscheidung definiert, sondern als „die Unfähigkeit, schnell eine Entscheidung zu treffen".

Erfolgreiche Menschen treffen schnelle, wertebasierte Entscheidungen und halten an ihnen fest. Erfolglose Menschen brauchen eine Ewigkeit, um sich zu entscheiden, und ändern dann oft ihre Meinung. Sehen Sie sich mal an, wie viel Zeit das in Anspruch nimmt. Zeit, die Sie nie zurückholen können. Und sehr oft verpassen Sie dadurch auch seltene Chancen.

„Ein unruhiger Geist ist hilflos. Unentschlossenheit schafft einen unruhigen Geist."

- Napoleon Hill

Gemischte Wünsche sind ein Hauptgrund für Unentschlossenheit

Wo stehen Sie auf der Skala zwischen dem entschlossenen und dem unentschlossenen Menschentyp? Die meisten Menschen, ich eingeschlossen, finden es schwer, sich auf eine Entscheidung festzulegen, wenn gemischte Wünsche vorhanden sind. Einerseits haben Sie einen starken Wunsch, über den Ort hinausgehen, an dem Sie sich gerade befinden. Andererseits haben Sie auch entgegengesetzte Wünsche. Sie wissen schon - all das, was Sie „nicht wollen".

Zum Beispiel, Sie wollen sich nicht vom Sofa erheben, weil Sie es bequem haben möchten.

Oder Sie wollen sich nicht mit uralten Problemen befassen, um sie endlich zu bewältigen.

Oder Sie wollen nicht das Telefon in die Hand nehmen, um ein Gespräch zu führen, das Sie Ihrem Ziel näherbringen könnte, weil Sie Angst vor Ablehnung haben.

Oder Sie möchten eine tiefe Beziehung eingehen, wollen sich aber anderen gegenüber nicht öffnen.

Oder Sie möchten Ihr eigenes Geschäft haben, wollen aber kein Risiko eingehen.

Und so weiter.

Sie ahnen nicht, wie viele Menschen für eine Mitgliedschaft im

Fitness-Studio bezahlen und nie oder kaum jemals hingehen. Und wie viele gern schlank sein wollen, aber einfach nicht auf die Schokolade verzichten können. Und wie viele an Wochenendseminaren teilnehmen, sich eine Menge Notizen machen, teure Programme kaufen und nie auch nur die Umhüllungen aufreißen. Ich glaube, Tony Robbins sagt, dass es etwa 80 Prozent oder mehr sind.

Da kann man sich nur wundern, was hier vor sich geht. Die Absicht ist da, aber irgendwie lässt sie sich nicht in Ergebnisse umsetzen. Ich glaube, zu einem großen Teil ist dies auf gemischte Wüsche zurückzuführen; wir wollen uns zwar verbessern und verändern und weiterentwickeln, aber wir wollen auch die anderen Dinge, die uns davon abhalten. Sie wissen schon, all das, was einfach, sicher, vorhersehbar und bequem ist und uns noch mehr Spaß macht. Unser Wunsch nach mehr überwiegt nicht immer unserem Wunsch nach dem Komfort des Status Quo.

Welcher Wunsch wird siegen? Je nachdem, was Sie am meisten wollen, das werden Sie wahrscheinlich bekommen. Schauen Sie sich Ihre Ergebnisse an und Sie werden sehen, ob Sie die Disziplin aufgebracht haben, in Ihre Weiterentwicklung zu investieren, oder ob Sie den Status Quo wählten.

Dennoch sind Menschen dazu vorprogrammiert, sich immer weiter zu entwickeln. Dieser Instinkt, etwas Herausragendes und Wertvolles zu tun, steckt tief in uns allen. Und jede Minute haben wir die Möglichkeit, Entscheidungen zu treffen, die uns entweder voranbringen oder zurückversetzen. Manchmal geschieht es unbemerkt, aber wir bewegen uns ständig entweder nach vorwärts oder nach rückwärts, in jedem Augenblick und in jedem einzelnen Bereich unseres Lebens. So einfach ist das.

Sie können nicht sowohl Komfort als auch Wachstum haben. Wachstum verlangt naturgemäß von Ihnen, dass Sie sich außerhalb Ihrer Komfortzone begeben. Sie müssen sich dehnen und strecken. Es wird sich vielleicht etwas Angst einstellen. Sie bewegen sich ins Unbekannte. Das führt zu Unsicherheit und gleichzeitig werfen sich Ihnen all die entgegengesetzten Wünsche in den Weg.

ÜBUNG 1-1

Gemischte Wünsche eingestehen

Nutzen Sie diese Übung, um sich Ihre gemischten Wünsche einzugestehen. Ihre Antworten werden zeigen, welche Wünsche sich in der Regel durchsetzen und was Sie bisher daran gehindert hat, das zu bekommen, was Sie wollten oder noch immer wollen.

Tragen Sie in die linken Spalte drei Dinge ein, die Sie in der Vergangenheit gern haben wollten, aber nie bekommen haben. In die rechte Spalte tragen Sie die Gründe ein, warum Sie glauben, dass Sie sie nie bekommen haben.

Was ich gern haben wollte	Warum ich es nie bekam
______________________	______________________
______________________	______________________
______________________	______________________

Sehen Sie sich jetzt Ihre Antworten unter „Warum ich es nie bekommen habe“ an und fragen Sie sich: „Habe ich die Verantwortung dafür übernommen? Oder habe ich etwas oder jemandem außerhalb von mir selbst die Schuld dafür gegeben?“ Damit machen Sie sich bewusst, was sich etwas ändern muss. Alle Veränderungen beginnen mit dieser Bewusstmachung. Übernehmen Sie die Verantwortung. Übernehmen Sie die Kontrolle. Sorgen Sie dafür, dass etwas geschieht.

Die Macht der UN-Entschlossenheit

Wer die Wahl hat, hat die Qual. Ich hoffe, dass Sie sich bis zum Abschluss dieses Kapitels von den lähmenden Ängsten und dem Sich-im-Kreise-Drehen, das Unentschlossenheit mit sich bringt, befreit haben werden und dass Sie es schaffen, die nötige Klarheit herzustellen, um engagierte, fokussierte, wertorientierte, zweckgesteuerte Entscheidungen zu treffen, die Sie Ihren Zielen näher bringen.

Doch zunächst muss Ihnen klar werden, was für ein mächtiger Feind Unentschlossenheit ist.

Unentschlossenheit hat die Macht zu zerstören.

Eine Sache, die sie zerstört, ist Klarheit, was dazu führt, dass Sie sich selbst sabotieren und Ihrer Fähigkeit entledigen, erfolgreich zu sein.

Mir fällt da eine Frau ein, die ich einmal kennenlernte und die sich beschwerte, dass niemand sie ernst nahm und dass die Leute ihr manchmal nicht einmal in beruflichen Diskussionen zuhörten.

Ich fragte sie: „Was wollen Sie wirklich, wenn Sie mit anderen Menschen sprechen?"

Nach einer langen introspektiven Pause antwortete sie: „Ich weiß es nicht."

Um ihr zu helfen, schlug ich einige Möglichkeiten vor und fragte sie dann: „Was ist Ihr Ziel?"

„Darüber habe ich noch nicht nachgedacht", gestand sie.

Ich glaube, sie hatte sicher schon darüber nachgedacht – in ihrem Geschäft war es sicherlich etwas wie „Geld zu verdienen" – aber sie hatte das Ziel nicht klar genug vor Augen, um in dieser Hinsicht eine sichere Entscheidung zu treffen. Und ohne diese Entscheidung konnte sie nicht wissen, welche Maßnahmen sie ergreifen sollte. Unentschlossenheit hatte die Klarheit zerstört.

Geht es Ihnen vielleicht genauso? Ist es Ihnen schon passiert, dass Sie sich ehrlich um etwas bemüht haben, aber das gewünschte Ergebnis sich einfach nicht einstellen wollte? Hatten Sie schon jemals das Gefühl, dass Sie Ihr Ziel nie erreichen würden, weil Ihr Verstand von Gedanken zu Gedanken sprang und Sie sich in einem Zustand richtungsloser Desorganisation befanden und sich quasi nur durch Ihren Tag treiben ließen? Mir ging es so!

Es geschah an einem sonnigen Morgen in Utah, als ich mich anschickte, die Stadt zu verlassen. Es war ein klassisches Beispiel – wenn auch ein recht unbedeutendes – dafür, wie die Macht der Unentschlossenheit Klarheit zerstört, zu Chaos führt, einem Ablenkungen in den Weg legt und Produktivität verhindert.

Mein Kopf war voll und überladen mit all dem, was ich vor der Abreise noch zu erledigen hatte. Ein Gedanke ließ mich zu meinem Schreibtisch laufen, ein weiterer ins Schlafzimmer, ein anderer in die Küche im Erdgeschoss. Und so raste ich von einer Stelle zur anderen wie ein unruhiger Schmetterling. An einer Stelle angekommen, liefen mir meine Gedanken schon zur nächsten voraus, noch bevor ich abgeschlossen hatte, wozu ich dorthin gekommen war!

Nun zu den Ablenkungen. In einigen Fällen war ich also abgelenkt von meinen „laufenden" Gedanken, dass ich vergaß, was ich in dem Moment eigentlich tun wollte. Ich war verwirrt, zerstreut und brachte überhaupt nichts zustande. Ich war unentschlossen gewesen. Meine Entscheidungsfindungsmuskeln waren schlaff geworden. Bis...

Bis ich kräftig auf die Bremse trat und kreischend zum Stehen kam. Ich sagte mir: Um Himmels Willen, triff eine Entscheidung! Zuerst werde ich dies tun. Dann werde ich das tun. Ich entscheide und tue es. Konzentriere dich auf die Gegenwart. Behalte einen klaren Kopf. Kümmere dich nur um eine Sache auf einmal. Plane nicht schon voraus. Blicke nicht zurück.

So einfach war das und es funktionierte. Ich beruhigte mich. Ich fühlte diese friedliche Stille in mir, die eine gute Organisation schafft. Ich hatte Klarheit. Und ich ging fließend und reibungslos von einer Stelle zur nächsten und erledigte überall meine Aufgaben ordentlich und effektiv. Sobald ich klar definiert hatte, was ich wollte, und eine feste Entscheidung getroffen hatte, was ich tun würde, konnte mich nichts mehr ablenken. Ich hatte meinen Handlungen eine Ordnung und Struktur gegeben, hatte Produktivität und Leistung eingebracht und gleichzeitig waren Stress und Angst verschwunden.

So verwandelte ich den Wunsch in die Wirklichkeit. Was als Gedanke begonnen hatte, wurde zu einer greifbaren Sache. Genau dahin will Sie dieses Buch führen.

> *„Entweder Sie bestimmen den Tag oder der Tag bestimmt Sie."*
>
> *— Jim Rohn*

TREFFEN SIE EINE KLARE, SICHERE, KONZENTRIERTE ENTSCHEIDUNG

Oh, welche Macht– welche enorme Macht – steckt in einer wirklich klaren, sicheren und konzentrierten Entscheidung! Der gute Napoleon Hill nannte dies „die Bestimmtheit des Zwecks". In seinem bahnbrechenden Buch Denke nach und werde reich schrieb er:

> *„Es gibt eine Eigenschaft, die man besitzen muss, um zu siegen, und das ist die Bestimmtheit des Zwecks, das Wissen, was man will, und ein brennendes Verlangen, es zu besitzen."*
>
> *— Napoleon Hill*

Das Wort „entscheiden" kommt vom lateinischen Wort de-caedere – das bedeutet wörtlich „abschneiden". Ja, der Definition nach bedeutet es auch eine endgültige Wahl oder ein Urteil zu treffen oder zu einer endgültigen Schlussfolgerung zu gelangen. Aber die genaueste Bedeutung ist: die Alternativen abzuschneiden. Wenn Sie eine echte und eindeutige Entscheidung treffen, beseitigen Sie alle Alternativen und schließen selbst deren flüchtige Betrachtung aus. Sie lassen sich keine andere Wahl, lassen keine Entschuldigung gelten und halten sich keine Hintertür offen. Sie lassen sich auf nichts anderes ein. Hill hat wieder einmal den Nagel auf den Kopf getroffen:

> *„Wer bei einer Unternehmung siegen will, muss bereit sein, alle Rückzugsmöglichkeiten auszuschließen. Nur so kann er mit Sicherheit den Geisteszustand aufrechterhalten, der als ein brennender Siegeswille bezeichnet wird und eine wesentliche Voraussetzung für den Erfolg darstellt."*
>
> *– Napoleon Hill*

Dr. Carole N. Hildebrand erklärt, dass manche Menschen Entscheidungen mittlerweile eher mit Wünschen als mit Verpflichtungen gleichsetzen, und dass wir nicht mehr wissen, was es bedeutet, eine echte Entscheidung zu treffen. Sie sagt: „Eine echte Entscheidung bedeutet, dass man sich verpflichtet, ein Ergebnis zu erreichen." Ich stimme dem völlig zu. Die Menschen, die vorankommen, sind diejenigen, die feste, nicht verhandelbare Entscheidungen treffen und dann entsprechend handeln – und das zeigt sich an ihren Ergebnissen.

> *„Ernst gemeinte Entscheidungen zeigen sich an zwei Stellen: in Ihrem Kalender und Ihrem Scheckheft. Egal, was Sie behaupten, das Ihnen wichtig ist oder*

sogar eine Priorität für Sie darstellt – Sie müssen nur in Ihren Kalender und Ihr Scheckheft des letzten Jahres schauen und werden anhand der Entscheidungen, die Sie getroffen haben, sehen, worauf Sie wirklich Wert legen."

– Dr. Carole N. Hildebrand

Schauen Sie sich Ihren Kalender an. Steht da, dass Sie regelmäßig Zeit für Ihre persönliche Bereicherung planen? Reservieren Sie sich die ersten Minuten jeden Tages für die morgendliche Praxis, inspirierendes Material zu lesen und zu meditieren, zu beten, zu affirmieren oder ein Tagebuch zu schreiben? Machen Sie Termine mit sich selbst, um Ihre Ziele festzulegen und zu überprüfen? Nehmen Sie sich Zeit für körperliche Aktivitäten und andere Notwendigkeiten eines ausgeglichenen Lebens? Besuchen Sie Seminare zur persönlichen oder beruflichen Weiterentwicklung?

Schauen Sie sich Ihr Scheckheft an. Wann haben Sie sich zum letzten Mal ein Selbstentwicklungsbuch oder ein Audio-Programm gekauft und es tatsächlich auch geöffnet? Haben Sie feste Entscheidungen getroffen, dass Sie die Dinge, die Sie gelernt haben, in Handlungen umsetzen werden?

Schauen Sie sich Ihr Bankkonto an. Sehen Sie einige positive Ergebnisse? Haben Sie ernsthaft die Entscheidung getroffen, in sich selbst zu investieren, und haben Sie in Bezug auf Ihr Wachstum und Ihre Ziele gehandelt? Ich habe es getan und es zeigt sich auf meinem Bankkonto, Jahr für Jahr. Ich gebe mein Geld dort aus, wo es um mein Herz geht. Ich investiere in mich, um das Beste aus mir zu machen, und es macht sich bezahlt.

Sobald Sie sich entschieden haben, was Sie wollen, darf es keine Rolle für Sie mehr spielen, wie viele Male Sie auf Ihrem Weg, es zu bekommen, stolpern oder fallen. Wenn Sie eine Entscheidung von hoher Qualität treffen, die absolut klar in Ihrem Kopf vorhanden ist, ist es so gut wie geschafft. Sie müssen sie nicht überdenken. Sie werden sie verwirklichen! Sie können 99-mal fallen, aber Sie werden 100-mal wieder aufstehen. Sie werden wieder aufstehen und weitermachen und tun, was auch immer nötig ist. Sie werden auf Ihr Ziel zugehen, denn Ihre Entscheidung ist unumstößlich. Das ist eine klare und kraftvolle Sache.

Die Handlung des ernsthaften Entscheidens bezieht sich auf die kleinen wie auch die großen Dinge des Lebens. Nicht bei allen Entscheidungen geht es um etwas Großes. Nicht alle Entscheidungen werden von Fanfarenklängen begleitet. Doch Sie müssen regelmäßig Entscheidungen zu treffen, wenn Sie Ihr Leben selbst bestimmen wollen. Sie müssen quasi Ihre Entscheidungsfindungsmuskeln aufbauen. Auch kleine Entscheidungen zählen. Sie bereiten den Boden für die größeren.

Und selbst wenn Sie eine Entscheidung treffen, die sich als falsch erweist, machen Sie sich keine Vorwürfe! Wenigstens haben Sie festgestellt, was funktioniert und was nicht. Wenigstens haben Sie sich bemüht voranzukommen. Das ist besser, als in einem Zustand der Unentschlossenheit stecken zu bleiben. Sie haben nicht zugelassen, dass Unentschlossenheit Ihnen die Kontrolle entreißt. Sie sind entschlossen zur Tat geschritten.

Der Worte sind genug gewechselt,
Laßt mich auch endlich Taten sehn!
Indes ihr Komplimente drechselt,
Kann etwas Nützliches geschehn.
Was hilft es, viel von Stimmung reden?
Dem Zaudernden erscheint sie nie.
Gebt ihr euch einmal für Poeten,
So kommandiert die Poesie.
Euch ist bekannt, was wir bedürfen,
Wir wollen stark Getränke schlürfen;
Nun braut mir unverzüglich dran!
Was heute nicht geschieht, ist morgen nicht getan,
Und keinen Tag soll man verpassen,
Das Mögliche soll der Entschluß
Beherzt sogleich beim Schopfe fassen,
Er will es dann nicht fahren lassen
Und wirket weiter, weil er muß.

– Johann Wolfgang von Goethe

Haben Sie das mitbekommen? „Er wirket weiter, weil er muss." Toll! Sie erhalten Unterstützung, die über Ihr eigenes bewusstes Bemühen hinausgeht. Entschlossenheit und Engagement verändern Ihr Schicksal; die Vorsehung eilt Ihnen zur Hilfe! Wer kann es sich denn leisten, darauf zu verzichten?

ERKENNEN SIE IHRE LEBENSAUFGABE

Ebenso, wie Sie mit Ihren eigenen einzigartigen Fingerabdrücken, Ihrer eigenen einzigartigen Persönlichkeit und Ihren einzigartigen Begabungen, Eignungen und Gaben geboren sind, haben Sie von Geburt an auch eine einzigartige und besondere Aufgabe, die es zu erfüllen gilt. Sie sind ein einzigartiges Wunder.

> *„Jeder hat seine eigene spezifische Berufung oder Mission im Leben; jeder muss eine konkrete Aufgabe ausführen, die nach Erfüllung verlangt. Darin kann er nicht ersetzt werden, noch kann sein Leben wiederholt werden. Daher ist jedermanns Aufgabe ebenso einzigartig wie seine spezifische Gelegenheit dazu."*
>
> *– Viktor Emil Frankl*

Worin besteht diese Aufgabe? Wozu sind Sie auf der Welt? Je klarer Sie die Antwort kennen und je stärker Ihr tägliches Leben auf Ihre Aufgabe ausgerichtet ist, umso bedeutungsvoller und freudiger wird Ihr Leben sein und Sie werden einen umso größeren Beitrag zum Leben anderer leisten.

Wenn Sie Ihre „Aufgabe erfüllen", strahlen Sie eine Kongruenz und Authentizität aus, die sehr attraktiv ist. Sie drücken Ihre wahre Natur und Berufung voller aus. Sie sind glücklicher und freudiger. Dies hat wahrscheinlich einen Dominoeffekt in allen Bereichen Ihres Lebens. Und andere profitieren davon auf unterschiedliche und sehr produktive Weisen. Sie werden dadurch inspiriert, Sie in vollen Zügen arbeiten zu sehen. Sie möchten Sie vielleicht sogar nachahmen. Und sie profitieren von dem, was auch immer Sie zu dieser Welt beitragen: ein neues Produkt, eine neue Dienstleistung, was auch immer es sein mag, das Sie erschaffen.

Und wenn Sie Kongruenz und Klarheit haben – wenn Sie wirklich Ihre Aufgabe erfüllen – scheint es, als würden die materiellen Ressourcen, die für die Erfüllung Ihrer Aufgabe notwendig sind, von ganz allein den Weg zu Ihnen finden. Zufällige Begegnungen, neue Beziehungen, Geld – die Türen stehen Ihnen offen.

Die Bestimmung Ihres zentralen Ziels

Was ist der tiefere Grund für Ihre Ziele, Wünsche und Aktivitäten? In meinem Geschäft nennen wir dies das „Warum". Es ist mehr als nur das Geld. Es ist etwas, das größer, tiefer und bedeutender für Sie ist. Es ist das, was Napoleon Hill vor Jahrzehnten in Lektion 2 seines Buches The Law of Success in Sixteen Lessons als das „zentrale Ziel" eingeführt hat:

„Der Ausgangspunkt aller menschlichen Leistungen ist die Entwicklung eines zentralen Ziels."

- Napoleon Hill

Ihr zentrales Ziel wird Sie motivieren und antreiben. Es lässt Sie am Morgen aus dem Bett springen. Es lässt Sie weitermachen, auch wenn es scheint, dass sich die ganze Welt gegen Sie verschworen hat.

Es gibt Ihnen die Kraft, Wege rund um diese riesigen Felsbrocken auf der Straße zu finden.

> *„Wenn Sie Ihre Aufgabe entdecken, werden Sie fühlen, wie stark sie nach Ihnen verlangt. Sie wird Sie mit Begeisterung füllen und mit einem brennenden Wunsch, daran zu arbeiten."*
>
> *– W. Clement Stone*

Ihr zentrales Ziel ist untrennbar an Ihre Einzigartigkeit gebunden. Und Ihre Einzigartigkeit ist nicht nur das, womit Sie geboren wurden, sondern sie beruht auch auf einer Reihe von vier anderen Faktoren, die Ihr Leben geprägt haben und die aus Ihnen den Menschen gemacht haben, der Sie heute sind.

1. Ihre Grundwerte
2. Eigenschaften und Charakterzüge, die Sie stärker in Ihr Leben einbringen möchten
3. Ihre natürlichen Gaben und Fähigkeiten
4. Ihre Lebenserfahrungen

Diese Faktoren befinden sich bereits in Ihnen. Sie stellen den Schlüssel zu der Erkenntnis dar, was Ihre Lebensaufgabe ist. Wenn Sie diese Dinge ermitteln und zu Papier bringen, damit Sie sie deutlich sehen können, können Sie all dies am leichtesten definieren:

- Ihre Lebensaufgabe
- Ihre höchsten Ziele
- Wie Sie Ihr Leben „sinnvoll" leben können

Sehen wir uns als Nächstes jedes davon einzeln an.

Ihre Grundwerte

Ihre Grundwerte setzen sich aus dem zusammen, was Ihnen tief in Ihrem Inneren am wichtigsten ist. Sie dienen als Ihr innerer Kompass und führen Sie bewusst und unbewusst zu den Entscheidungen, die Sie bezüglich aller Ihrer Aktivitäten und Interessen treffen. Sie lenken Sie bei der Auswahl Ihrer Freunde und Ihres Lebenspartners. Sie bestimmen, wie Sie Ihre Arbeiten ausführen, Ihren Haushalt organisieren, Ihre Freizeit gestalten und so weiter. Ob Sie sich dessen bewusst sind oder nicht – Ihre Grundwerte wirken sich auf alle Bereiche Ihres Lebens aus und beeinflussen den Grad Ihres Empfindens von Glück und Erfüllung. Doch vielleicht haben Sie nie versucht, sie gründlich zu untersuchen, zu verstehen, detailliert zu definieren und zu priorisieren. Wir nennen das „Werte-Arbeit".

Sich über Ihre Werte und das, was am wichtigsten für Sie ist, klar zu werden, ist immens wichtig, damit Sie sich das bestmögliche Bild über Ihre Lebensaufgabe und Ihre höchsten Ziele machen können. Mit dieser Klarheit werden Sie:

- bei allem, was Sie tun, mehr Kraft, Sinn, Wohlstand und Freude erleben,

- es einfacher finden, schneller kluge Entscheidungen zu treffen und falsche zu vermeiden,
- sich über Dinge klar werden, die Ihnen nicht dienlich sind und nicht mehr in Ihr Leben gehören,
- erkennen, wo Sie sich bei der Erfüllung Ihrer größten Wünsche befinden,
- das Leben im Allgemeinen weniger kompliziert und befriedigender empfinden,
- mehr Vertrauen haben und
- leichter die richtigen Menschen und Ressourcen in Ihr Leben anziehen, so dass Sie Ihr Leben entsprechend den Dingen gestalten können, die für Sie am wichtigsten sind.

Sobald Sie Ihre Grundwerte auf einer tieferen Ebene verstehen, werden Sie sehen, ob Sie in Übereinstimmung mit ihnen leben oder nicht. Wenn Sie zum Beispiel „wertvolle Zeit mit der Familie" als Ihren Grundwert Nummer 1 identifiziert haben und 70 Stunden pro Woche arbeiten, sind Sie wahrscheinlich nicht in der Lage, in Übereinstimmung mit Ihrem wichtigsten Grundwert zu leben. Dasselbe gilt, wenn Sie „persönliche Freiheit" als Ihren wichtigsten Wert identifiziert haben, Ihr Beruf Sie aber in einer fensterlosen Kabine eingepfercht hält und Sie in einer Beziehung mit einem kontrollbesessenen, besitzergreifenden Partner feststecken, der Ihnen jede Ihrer Handlungen vorschreiben will.

Unvereinbarkeiten wie diese machen es schwierig, wenn nicht unmöglich, glücklich zu sein und ein sinnvolles Leben zu führen. Und wenn Sie nicht im Einklang mit Ihrer Lebensaufgabe leben, fühlen Sie sich höchstwahrscheinlich fehl am Platz, unmotiviert, unproduktiv und unerfüllt. Werte-Arbeit kann Ihnen die Augen für solche Unvereinbarkeiten öffnen und Sie veranlassen, Änderungen vorzunehmen, die Ihr Leben erheblich verbessern können.

Ich habe erstmals in den frühen 1990ern auf einem Tony-Robbins-Seminar unter Anleitung meine Grundwerte erforscht. Ich war mir daraufhin sicher, dass ich meine Grundwerte völlig begriffen hatte, denn ich wusste schon im Alter von 16 Jahren, was mir wirklich wichtig war, und bis zum Alter von 30 Jahren hat sich daran kaum etwas, wenn überhaupt etwas geändert. Allerdings war die Übung, die er mit uns durchnahm, unglaublich aufschlussreich.

- Ohne welchen meiner höchsten Werte könnte ich nicht leben?
- Was genau bedeutete dieser Wert für mich?
- Welche genauen Worte würde ich verwenden, um ihn zu beschreiben? Ich hatte zum Beispiel bereits „Liebe“ als meinen Wert Nummer 1 identifiziert, aber wie würde ich Liebe definieren?

Also brachte die Übung mich dazu, genau zu definieren, was das Wort „Liebe“ für mich bedeutete, nämlich zu lieben und geliebt zu werden, die Liebe zu meiner Familie, die Liebe zu meinem Partner und universelle Liebe. Dies wurde meine persönliche Version des Wortes, eines Wertes, den ich ehren und nach dem ich leben würde.

ÜBUNG 1-2

Ermitteln Sie Ihre Grundwerte

Beginnen Sie Ihre Werte-Arbeit, indem Sie nur auf Ihre Intuition hören und Ihre Gedanken frei fließen lassen. Später werden Sie eine allgemeine Liste von Grundwerten sehen, die Ihnen einige Ideen eingeben wird. Doch spicken Sie jetzt nicht! Sehen Sie sich diese Liste noch nicht an! Statt jetzt schon die Liste zur Hand zu nehmen, lassen Sie bitte erst Ihre Gedanken frei fließen, um herauszufinden, was heute Ihre Grundwerte sind. Stellen Sie sich immer wieder die folgenden Fragen, bis Sie alle Werte aufgeschrieben haben, die Ihnen einfallen. Achten Sie dabei nicht auf die Reihenfolge.

- Was schätze ich am meisten in meinem Leben? (Beispiel: Liebe.)
- Was ist mir sonst noch besonders viel wert? (Beispiel: Finanzielle Freiheit.)

Stellen Sie sich nun die folgenden Fragen, um der Sache etwas mehr auf den Grund zu gehen. Ihre Antworten werden Ihnen helfen, eine erste Auswertung Ihrer Grundwerte vorzunehmen, so, wie Sie sie heute sehen.

- Was gibt meinem Leben Sinn? (Beispiel: Freude und Glück.)

- Wann war ich am glücklichsten und habe überschäumende Freude empfunden?
- Welchen Wert hielt ich dabei in Ehren?
- Wann habe ich mich pudelwohl gefühlt?
- Welchen Aspekt meiner wahren Natur hielt ich damals in Ehren?

Schreiben Sie Ihre Antworten hier auf:

ÜBUNG 1-3

Stimmen Sie Ihre Grundwerte fein ab

Jetzt ist es Zeit für die „allgemeine Liste" der Grundwerte, die ich zuvor erwähnt habe. Gehen Sie die folgenden häufig verwendeten Wörter durch, die eventuell jene Werte genauer beschreiben, die Sie in Übung 1-2 aufgeschrieben haben. Vielleicht finden Sie Wörter, die Werte ausdrücken, an die Sie noch nicht gedacht haben. Vielleicht finden Sie auch ein einziges Wort, das mehrere Werte auf Ihrer eigenen Liste genauer beschreibt, so dass Sie es verwenden können, um sie alle zusammenzufassen. Während Sie diese allgemeine Liste durchgehen, kreisen Sie die Wörter ein, die mit Ihnen resonieren.

Abenteuer
Abwehrbereitschaft
Altruismus
Aufregung
Aufrichtigkeit
Ausdauer
Ausdruck
Begeisterung
Beitrag
Besonnenheit
Bestimmung
Dankbarkeit
Demut
Der Beste sein
Dienen
Diskretion
Disziplin
Durchsetzungsvermögen
Dynamik
Effektivität
Effizienz
Ehre
Ehrgeiz
Ehrlichkeit
Eifrigkeit
Eigenständigkeit
Einfachheit
Einfallsreichtum
Einheit
Einsicht
Einzigartigkeit
Eleganz
Empathie
Empfindsamkeit
Engagement
Entschlossenheit
Erbe
Erfolg
Erforschung
Ergebnisorientiert
Etwas bewirken
Expertise

Exzellenz
Fairness
Familie
Fitness
Fleiß
Flexibilität
Flüssigkeit
Fokus
Freiheit
Freude
Frömmigkeit
Führen
Geduld
Gehorsam
Gelassenheit
Gemeinschaft
Gemeinschaftsarbeit
Genauigkeit
Gerechtigkeit
Geschwindigkeit
Gesundheit
Glaube
Gleichgewicht
Gleichwertigkeit
Glück
Gnade
Großzügigkeit
Gründlichkeit
Güte
Harmonie
Heiligkeit
Heiterkeit
Herausforderung
Höflichkeit
Innere Harmonie
Innerer Frieden
Intellektuell
Intelligent
Intuition
Klares Denken
Konsistenz
Kontrolle
Korrektheit
Kreativer Ausdruck
Kühnheit
Leistung
Liebe
Loyalität
Mäßigung
Meisterschaft
Mitgefühl
Nachdenklichkeit
Neugier
Nützlichkeit
Offenheit
Ordnung
Originalität
Patriotismus
Perfektion
Persönliche Freiheit
Persönliches Wachstum
Positivität
Praxisorientiert
Produktivität
Professionalität
Pünktlichkeit
Qualitätsbewusstsein
Respektlosigkeit
Sauberkeit
Schläue
Seelenruhe
Selbstkontrolle
Selbstlosigkeit
Selbstsicherheit
Selbstverwirklichung
Seriosität
Sicherheit
Sorgfalt
Sparsamkeit
Spaß
Spontaneität
Stabilität
Ständige Verbesserung
Stärke
Status
Stille
Strategisch
Strenge
Struktur
Takt
Teamwork
Toleranz
Traditionsbewusstsein
Treue
Unabhängigkeit
Unterstützung

Verantwortlichkeit
Verdienst
Vergnügen
Verständnis
Vertrauenswürdigkeit
Vielfalt
Vision
Vitalität
Wachsamkeit
Wachstum
Wahrhaftigkeit
Wahrheitssuche
Wettbewerbsfähigkeit
Wirtschaftlichkeit
Wissbegierig
Wohlstand
Zufriedenheit
Zugehörigkeit
Zurückhaltung
Zusammenarbeit
Zuverlässigkeit
Zuwendung

Meine fein abgestimmte Liste von Grundwerten

Nehmen Sie jetzt die Worte, die Sie gerade eingekreist haben, sowie die Werte, die Ihnen von selbst in Übung 1-2 eingefallen sind, und konsolidieren Sie sie hier. Dadurch erhalten Sie eine fein abgestimmte Werteliste.

______________________ ______________________

______________________ ______________________

______________________ ______________________

______________________ ______________________

______________________ ______________________

______________________ ______________________

______________________ ______________________

______________________ ______________________

______________________ ______________________

ÜBUNG 1-4

Identifizieren Sie Ihre höchsten 10 Grundwerte und priorisieren Sie sie

Und jetzt (mit Trompeten und Paukenschlag) kommt der schwierigste, erleuchtendste und lustigste Teil des Prozesses! In dieser zweiteiligen Übung werden Sie Ihre Liste auf Ihre zehn höchsten Werte eingrenzen und sie dann ihrer Bedeutung für Sie nach hierarchisch anordnen.

A. Betrachten Sie zuerst Ihre Liste der fein abgestimmte Grundwerte und stellen Sie sich folgende Fragen:

- Bei welchen Werten könnte ich mir vorstellen, dass ich vielleicht auch ohne sie leben könnte? (Streichen Sie diese aus Ihrer Liste.)
- Welche brauche ich am meisten? (Setzen Sie ein Sternchen neben diese.)
- Welche würden mir die größte Unzufriedenheit und Traurigkeit verursachen, wenn sie fehlten? (Setzen Sie zwei Sternchen neben diese.)
- Welche sind mir so wichtig, dass, wenn ich sie nicht haben sollte, die anderen keine Rolle mehr spielen würden? Beispiele dafür wären möglicherweise „Gesundheit“ oder „Liebe“. (Setzen Sie drei Sternchen neben diese.)

B. Als Zweites nehmen Sie Ihre zehn wichtigsten Werte aus der obigen Liste und schreiben Sie sie nachfolgend in die linke Spalte.

1. ____________________	____________________
2. ____________________	____________________
3. ____________________	____________________
4. ____________________	____________________
5. ____________________	____________________
6. ____________________	____________________
7. ____________________	____________________
8. ____________________	____________________
9. ____________________	____________________
10. ____________________	____________________

Sehen Sie sich jetzt die linke Spalte oben an und priorisieren Sie jene höchsten zehn Grundwerte, indem Sie sie in der Reihenfolge ihrer Bedeutung in der rechten Spalte neu ordnen. Nr. 1 wird der wichtigste sein. Sie können diese Neuordnung direkt auf dieser Seite vornehmen oder sich einen Satz von zehn Karteikarten, eine für jeden Grundwert, erstellen. Legen Sie die Karten auf eine Tischplatte und verschieben Sie sie, bis Sie die endgültige Reihenfolge entsprechend ihrer Bedeutung festgelegt haben. Sobald Sie die zehn Karteikarten in der richtigen Reihenfolge angeordnet haben, schreiben Sie ihre Nummern auf die Karten und dann schreiben Sie die Bezeichnungen dieser Werte in die rechte Spalte.

So, jetzt haben Sie es geschafft! Sie haben Ihre Grundwerte eindeutig identifiziert. Herzlichen Glückwunsch!

Margies Ergebnisse

Hier sind meine Grundwerte, wie ich sie nach dem oben beschriebenen Prozess angeordnet habe:

1. Liebe
2. Persönliche Freiheit
3. Gesundheit und Vitalität
4. Produktivität
5. Kreativer Ausdruck
6. Innere Harmonie
7. Finanzieller Wohlstand
8. Persönliches Wachstum
9. Etwas bewirken
10. Abenteuer, Spaß und Reisen

Eigenschaften und Charakterzüge, die Sie stärker in Ihr Leben einbringen wollen

Als sich weiterentwickelnde Wesen haben wir bestimmte Eigenschaften und Charakterzüge, die wir in unsere einzigartige Persönlichkeit voll integriert haben, und andere, die wir bemüht sind hinzufügen. Als Nächstes führen wir eine dreiteilige Übung durch, die klar aufzeigen wird, welche das sind.

ÜBUNG 1-5

Wen bewundere ich und warum

Stellen Sie sich Ihre liebsten Menschen vor. Das kann jemand aus Ihrer Familie sein, Freunde oder Mentoren, bis hin zu großen politischen Persönlichkeiten, spirituellen Führern, Philosophen, Schriftstellern, berühmten Sportlern – alle Lebenden oder Toten, die Sie bewundern, von denen Sie sich inspiriert fühlen und die Sie nachahmen möchten.

Überlegen Sie dann, welche Eigenschaften und Charakterzüge Sie am meisten an jeder dieser Personen bewundern. Was hat jede von ihnen jeweils, was Sie zu einem Teil Ihres eigenen Charakters machen möchten und wonach Sie Ihr Tun ausrichten möchten? Einige Beispiele wären Mut, Authentizität, Weisheit, Wissen, Prinzipientreue, Visionär, Ehrlichkeit und Vertrauenswürdigkeit, Zuverlässigkeit, Freundlichkeit, liebevolle Haltung, Offenheit, Leichtherzigkeit, Selbstsicherheit, Selbstbewusstsein usw.

A. Schreiben Sie unten in die linke Spalte die Namen von zehn Menschen, die Sie am meisten bewundern und respektieren. Tun Sie dies jetzt.

Bewundernswerte Menschen	Ihre Eigenschaften/Merkmale
1. ________________	________________ ________________ ________________ ________________
2. ________________	________________ ________________ ________________ ________________
3. ________________	________________ ________________ ________________ ________________
4. ________________	________________ ________________ ________________ ________________
5. ________________	________________ ________________ ________________ ________________
6. ________________	________________ ________________ ________________ ________________

Bewundernswerte Menschen	Ihre Eigenschaften/Merkmale
7. ______________	______________
	______________
	______________
	______________
8. ______________	______________
	______________
	______________
	______________
9. ______________	______________
	______________
	______________
	______________
10. ______________	______________
	______________
	______________
	______________
	______________

B. Schreiben Sie oben in die rechte Spalte die herausragenden Eigenschaften und Charakterzüge jeder Person. Schreiben Sie bei jeder Person so viele hin, wie Sie möchten. Wenn Sie fertig sind, werden Sie wahrscheinlich sehen, dass Sie die gleichen Dinge an verschiedenen Personen bewundern und das ist völlig in Ordnung.

C. Und jetzt (mit noch mehr Trompeten und Paukenschlag) kommt der aufregendste Teil. Machen Sie diese Eigenschaften und Charakterzüge zu Ihren eigenen! Beachten Sie die Duplikate. Dies sind die Eigenschaften und Charakterzüge, die Sie sich für sich selbst am meisten wünschen. So bemächtigen sich Ihrer, indem Sie jetzt behaupten, dass Sie sie selbst besitzen. Diese Übung verdanke ich meiner lieben Freundin und Wohlstandsmentorin Teresa Romain.

- Schreiben Sie einfach die Worte „Ich bin" vor jede Eigenschaft oder jedes Merkmal, das in der rechten Spalte angeführt ist. (Das „Ich bin" ist auch eine Technik zum Schaffen kraftvoller Affirmationen, ein Thema, auf das ich in Kapitel 4 näher eingehen werde.)
- Ziehen Sie es in Betracht, sich selbst jede „Ich bin"-Aussage laut vorzulesen, während Sie sich im Spiegel ansehen.

Ich kann Ihnen sagen, dass es extrem wirkungsvoll ist, wenn Sie diese Aussagen in Ihrer eigenen Stimme hören, denn ich habe das selbst in einer ähnlichen Übung in einem Seminar erlebt. Ich saß einem Partner gegenüber und sagte: „Ich bin Margie und ich bin mutig." Mein Partner sagte daraufhin: „Du bist Margie und du bist mutig." Das war ein riesiges emotionales Erlebnis! Versuchen Sie etwas Ähnliches. Sagen Sie Ihre „Ich bin"-Aussagen zu Ihrem Spiegelbild. Das ist eine wirkungsvolle Art und Weise, die Eigenschaften, die Sie selbst am liebsten hätten, für sich in Anspruch zu nehmen.

Ihre natürlichen Gaben, Fertigkeiten und Lieblingsaktivitäten

Es gibt ein weiteres Puzzlestück zur Definition Ihrer Lebensaufgabe.

- Was sind Ihre besonderen Fähigkeiten, Talente, Gaben und Leidenschaften?
- Was tun Sie so gern, dass dabei die Zeit wie im Flug vergeht?
- Was beherrschen Sie hervorragend?
- Was können Sie besser als die meisten Menschen, die Sie kennen?

ÜBUNG 1-6

Was kann ich besser als die meisten anderen und was tue ich gerne in meiner Freizeit?

Schreiben Sie alles auf, worin Sie gut sind, und alles, was Sie gerne tun. Hier sind einige Anregungen für den Anfang.

Können Sie singen? Schauspielern? Gut mit Zahlen umgehen? Gut mit Menschen umgehen? Mit Mechanik? Schreiben? Malen? Innenräume ausstatten? Veranstaltungen organisieren? Brainstorming machen? Leute anleiten? Mit Computern arbeiten? Dinge verkaufen? Dinge bauen? Dinge reparieren? Was sonst noch? Schreiben Sie auf, was Sie gern und gut tun.

Denken Sie dabei nicht nur an Dinge, mit denen man Geld verdienen kann. Schreiben Sie absolut alles auf, wofür Sie eine Begabung haben oder wozu Sie sich hingezogen fühlen. Ist es das Kochen? Quilten? Wassersport? Golf? Camping? Wandern? Biken? Reisen? Gemeindearbeit? Lesen? Wenn Sie das alles verbinden, kommt alles mit ins Spiel, wenn Sie Ihre Lebensaufgabe definieren.

Jetzt beginnen Sie, Ihre Lebensaufgabe immer genauer zu klären.

Ich habe meine Lebensaufgabe 1996 bei einem sechstägigen Seminar mit Tony Robbins unter dem Titel „Date with Destiny" definiert. Im Rahmen dieses Kurses sollten wir eine Erklärung zu unserer Lebensaufgabe aufstellen. Die endgültige Version sollte eine Aussage mit „Ich bin" und eine Aussage mit „Ich tue" enthalten. „Ich bin___________, daher _____________." Damit identifizierte man seine Lebensaufgabe. Uns wurde gesagt, wir sollten es so prägnant und so kraftvoll wie möglich gestalten. Etwas, das tief drinnen etwas zum Schwingen brächte und unsere Emotionen aufrührte, wenn wir es laut aussprechen würden.

Obwohl ich meine ursprüngliche Version schon mehrmals überarbeitet hatte, war sie immer noch lang und umständlich. „Ich bin ein liebevolles und freigiebiges Wesen. Ich schaffe Inspiration; und verbreite Licht, Frieden und Harmonie und bringe Heilung überall hin, wohin ich gehe. Daher inspiriere ich freudvoll andere dazu, ihrem Leben volleren Ausdruck zu verleihen. Dies ist meine Lebensaufgabe."

Im Lauf der Jahre habe ich dies verfeinert, wobei ich jedoch stets die Grundgedanken beibehalten habe, die in diesem Workshop entstanden waren. Als ich es schließlich auf die wenigsten, sorgfältigst ausgewählten und für mich kraftvollsten Worte reduzierte, wusste ich, dass dies wirklich die Leitlinie meines Lebens geworden war. Ich habe es seitdem nie mehr geändert.

Jetzt ist es sauber und sagt klar aus: „Der Zweck meines Lebens ist, freudvoll zu sein. Ich bin Liebe, ich bin Licht, ich inspiriere andere, ihrem Leben volleren Ausdruck zu verleihen." Das ist es! Einfach, doch so kraftvoll für mich. Doch damals, vor vielen Jahren, hätte ich nie die Kühnheit aufgebracht, geradeheraus zu sagen: „Ich bin Liebe" oder „Ich bin Licht".

Es dauerte Jahre, es erforderte klares Denken und es erforderte einen kühnen Geist, die ich am Anfang nicht besessen hatte.

Ich will nicht, dass es bei Ihnen auch Jahre dauert. Stunden oder Tage vielleicht. Aber nicht Jahre. Ich möchte, dass Sie Ihre Reise zu dem, was auch immer Sie wollen, mit einem Schnellstart beginnen, indem Sie gleich jetzt und hier Ihre Seele ergründen und Ihre Aufgabe identifizieren, definieren, klären und festlegen, damit Sie schnellstens mit dem Rest der Reise fortfahren können!

> *„Frag nicht, was die Welt braucht. Frag, was dich lebendig macht und geh hin und tue es. Denn was die Welt braucht, sind Menschen, die lebendig sind."*
>
> *– Howard Thurman*

Ihre Lebensaufgabe

Warum sind Sie hier? Was möchten Sie bewirken? Welches Lied schlummert in Ihnen, das ungesungen bliebe, wenn Sie es nicht singen? Schreiben sie es auf, hier und jetzt, kurz und prägnant.

ÜBUNG 1-6

Meine Lebensaufgabe (Mein persönlicher Leitfaden)

Nachfolgend ist der Satzbeginn „Ich bin“ mit den Eigenschaften und Charakterzügen zu ergänzen, die Sie, wie ich Ihnen gesagt habe, in Übung 1-5 für sich in Anspruch nehmen sollten. Der Satzanfang „Daher“ ist damit zu ergänzen, was Sie tun werden – wie Sie diese Eigenschaften und Charakterzüge nutzen werden, um einen Vorteil zu bieten oder etwas zu bewirken. Das Beispiel, das ich Ihnen zuvor von mir selbst gegeben habe, war, dass ich „andere inspiriere, ihrem Leben volleren Ausdruck zu verleihen“.

Schreiben Sie hier Ihre Lebensaufgabe hin – Ihr persönliches Leitbild:

Ich bin ____

____

____

Daher ____

____

____

Klären Sie Ihre Ziele

Warum sind Sie hier? Was möchten Sie bewirken? Welches Lied schlummert in Ihnen, das ungesungen bliebe, wenn Sie es nicht singen? Schreiben sie es auf, hier und jetzt, kurz und prägnant.

Wo befinden Sie sich gerade jetzt in Ihrem Leben? Was sind Ihre wichtigsten Ziele? Was sind die kleinen? Was sind die großen? Was sind Ihre tiefsten, am meisten gehegten Wünsche? Ist es ein „Mehr" von etwas, wie mehr Selbstvertrauen, mehr Liebe, mehr Ruhe, mehr Abenteuer, mehr Geld oder rundum mehr Fülle? Ist es ein „Besser", wie ein besseres Zuhause oder bessere Beziehungen oder ein besseres Aussehen oder bessere Gesundheit? Ist es eine erfüllendere Arbeit? Oder ist es ein Weniger von etwas, wie weniger Stress, weniger Gewicht, weniger Angst, weniger Selbstsabotage?

Ist es alles zusammen?

Oder ist es etwas ganz anders als all das?

Vielleicht sogar etwas unverschämt Größeres? Was ist Ihr wildestes, verrücktestes, kühnstes Verlangen?

Beginnen Sie einfach, frei über all dies nachzudenken, während wir hier fortfahren. Und denken Sie groß. Gehen Sie damit in Ihrem Verstand so um, als gäbe es keine Barrieren.

> *„Träume keine kleinen Träume, denn sie haben nicht die Kraft, die Herzen der Menschen zu bewegen."*
>
> *– Johann Wolfgang von Goethe*

Und übrigens: Sorgen Sie sich in diesem frühen Stadium nicht darum, „wie" Sie ein Ziel erreichen sollen. Sage Sie sich einfach, dass Sie nicht wirklich wissen müssen, wie. Denn wenn Sie es schon wüssten, würden Sie sich nicht mehr weiterentwickeln. Sie würden sich nicht vorwärts, sondern seitwärts bewegen. Sie müssen sich aus Ihrer Komfortzone hinaus bewegen, an Orte, an denen Sie noch nie waren. Sie werden sich Herausforderungen stellen müssen. Begrüßen Sie die Unannehmlichkeiten. Das ist spannend! Heißen Sie es willkommen.

Hier geht es noch nicht um Strategien oder einen Handlungsplan. Wenn ich Sie am Ende dieses Kapitels bitten werde aufzuschreiben, was Sie wollen, geht es nur um Möglichkeiten, die Ihnen im freien Fluss der Gedanken einfallen, wobei Sie sich keine Beschränkungen hinsichtlich der Größe auferlegen, die Sie erreichen können. Fragen Sie sich also nicht: Könnte ich das wirklich tun? Oder: Wie könnte ich das überhaupt jemals schaffen? Und wenn es mir nicht gelingt, was würden andere von mir denken? Werde ich mich selbst wieder fallen lassen? Darum geht es hier nicht. Es geht nur darum, Ihre Wünsche auf den Radarschirm zu bringen. Wenn Sie wüssten, dass Ihnen der Erfolg sicher ist, und Geld und Können keine Hindernisse darstellen würden, was würden Sie wollen?

Treffen Sie in diesem Moment keine Urteile. Machen Sie sich nicht selbst handlungsunfähig, indem Sie ein Ziel als dumm oder unmöglich, als zu groß oder zu klein abstempeln. Jedes Ziel, das Ihnen in den Sinn kommt, ist wichtig und einzigartig für Sie. Jetzt geht es darum, sorglos, kreativ und expansiv zu sein. Bitte. Versuchen Sie nicht einmal, praktisch, logisch, vernünftig oder realistisch zu sein! Ich zitiere eine Zeile aus dem Film Was Mädchen wollen: „Warum bemühst du dich so sehr, dich anzupassen, wenn du doch dazu bestimmt bist, hervorzustechen?"

Wenn es keine Hindernisse gäbe, was würden Sie wirklich wollen? Egal, wie unmöglich sich die Antwort anfühlt, wenn sie Ihnen erstmals in den Sinn kommt, holen Sie sie auf den Radarschirm! Wenn Sie dies tun, könnte Sie zu Ihrer größten Überraschung vielleicht Wirklichkeit werden. Doch wenn Sie es nicht tun, stehen die Chancen gut, dass nichts geschehen wird.

HOLEN SIE IHRE ZIELE AUF DEN RADARSCHIRM

Wenn Sie diese klare und engagierte Entscheidung getroffen haben, was genau Sie wollen, kommen drei Schritte, um sie zu festigen.

1. Schreiben Sie es auf. Ein Ziel, das nicht aufgeschrieben wird, ist nichts weiter als ein Wunsch.
2. Sprechen Sie es aus. Ein Ziel, das nicht ausgesprochen wird, wird wahrscheinlich nie erreicht werden.

3. Handeln Sie entsprechend. Wenn Sie ein Ziel haben und nicht darauf hinarbeiten, werden Sie in dem ewigen Kreislauf eines von außen bestimmten Lebens gefangen bleiben, statt Ihr Schicksal selbst zu bestimmen.

Diese einfache Formel – aufschreiben, aussprechen, handeln – legt Ihnen, so einfach sie auch klingt, das Steuer in die Hand. Sie macht Sie zum Schöpfer Ihres Lebensplans. Sie verwandelt Ihre Entscheidungen in eine unaufhörliche Kraft, die die Macht hat, eine zarte Idee in greifbare Wirklichkeit zu verwandeln.

> *„Schreiben Sie eine Aussage über Ihre wichtigste Aufgabe im Leben oder Ihr zentrales Ziel auf. Prägen Sie sich die Aussage ins Gedächtnis ein und wiederholen Sie sie in gut hörbaren Worten, Tag für Tag, bis diese Klangschwingungen Ihr Unterbewusstsein erreicht haben."*
>
> *– Napoleon Hill*

Indem Sie ein Ziel aufschreiben, transportieren Sie es in Ihre Psyche. Sie geben ihm Substanz. Sie ergreifen davon Besitz. Sie vertiefen und stärken seine Bedeutung und Ihr Engagement dafür. Am Anfang war Ihr Ziel nur eine flüchtige Idee in Ihnen. Es aufzuschreiben ist der erste Schritt, um ihm eine körperliche Form zu geben!

Wenn Sie es dann aussprechen, übernehmen Sie die Verantwortung dafür. Sprechen sie es laut aus. Sagen Sie es jemandem. Sagen Sie es mehreren Personen. Teilen Sie Ihre neue Entscheidung mit so vielen unterstützenden, positiven und ermutigenden Menschen wie Sie können. Je öfter Sie hören, wie Sie es selbst aussprechen, umso realer wird es und umso stärker werden die Muskeln, die Sie brauchen, um zu bekommen, was Sie wollen. Seien Sie spezifisch bei den Details und setzen Sie einen Termin fest. Beispiel: „Ich werde am 1. Juli 2020 um 09.00 Uhr in mein neues Haus in Aspen, Colorado, ziehen." Jetzt sind Sie dran, es auszusprechen!

„Ein Ziel ist ein Traum mit einem Termin."

– Napoleon Hill

Setzen Sie sich auch einige Fristen für Handlungen. Manche Ziele lassen sich mit nur einer Handlung erreichen. Andere beinhalten eine Reihe von Zwischenzielen, die Sie systematisch, Schritt für Schritt und einen Tag nach dem anderen, abhaken müssen. Handeln ist Gegenstand von Kapitel 6. Wie Sie sehen werden, werden Sie damit beginnen, dass Sie innerhalb der ersten 24 Stunden nach dem Aufschreiben Ihres Ziels die Entscheidung über die Handlung oder die Handlungen treffen, die durchgeführt werden müssen.

Für den Moment reicht es, wenn Sie verstehen, dass sobald Sie eine Entscheidung getroffen haben – und sobald Sie die Dimensionen des Glaubens und der Vision hinzugefügt haben, die in späteren Kapiteln besprochen werden – Ihre innigsten Wünsche buchstäblich ins Dasein schreiben, sprechen und handeln können. Sie gehen damit von der Entscheidung aus schnurstracks auf Ihr Ziel zu und erreichen es auch. Von der Idee zur Wirklichkeit.

SEIN, TUN, HABEN – DAS IST HIER DIE FRAGE

In dem Bewusstsein, dass Sie ein gewisses Maß an Ausgewogenheit in Ihrem Leben schaffen müssen, werden Sie die Übung am Ende dieses Kapitels nutzen, um hinzuschreiben, was Sie in sieben Bereichen Ihres Lebens sein, tun und haben wollen. Hier sind einige Beispiele im Voraus – klein, groß und extra groß – nur, um Sie zum Nachdenken zu bringen.

Körper

- Sein: fit genug sein, um den Everest zu besteigen, Marathons zu laufen, eine Schwimmmeisterschaft zu gewinnen oder einfach nur jeden Tag gut bewältigen zu können.
- Tun: 30 Minuten pro Tag gehen, mir einen persönlichen Trainer nehmen, mein Idealgewicht erreichen.
- Haben: reichlich Energie haben, hervorragende Gesundheit, Lebensqualität bis zum Ende.

Geist

- Sein: bescheiden, ehrlich, diszipliniert, kreativ, prinzipientreu, selbstbewusst sein.
- Tun: die Klassiker lesen, ein Buch pro Monat lesen, eine neue Sprache lernen, ein Produkt erfinden, viele Bücher schreiben.

- Haben: eine breite Wissensbasis haben, einen scharfen Verstand, Anerkennung, Ruhm und den Friedensnobelpreis.

Spiritualität

- Sein: stark, furchtlos, mir meiner Lebensaufgabe klar sein, eine inspirierende Führungspersönlichkeit sein.
- Tun: meditieren, inspirierende Bücher lesen, einer spirituellen Gemeinschaft beitreten.
- Haben: ein Gefühl der „Einheit" haben, spirituelle Klarheit und spirituelle Perspektive.

Familie, Freunde, Beziehungen

- Sein: vergebungsvoll und dankbar sein, liebevoll, konsistent, zuverlässig.
- Tun: mir Zeit für meine Lieben nehmen, Freundschaften pflegen, die Liebe meines Lebens finden.
- Haben: fürsorgliche Beziehungen, vertrauensvolle Freundschaften, besseren Sex, gehorsame Kinder.

Karriere und Geld

- Sein: sehr kreativ, ein großer Denker, Inhaber eines Unternehmens, CEO eines Unternehmens.
- Tun: mein Bestes geben, meine Fähigkeiten und Kenntnisse verbessern, auf eine höhere Position hinarbeiten.

- Haben: immensen Reichtum oder wenigstens genug Geld, um meine Rechnungen zu bezahlen; eine Arbeit, die ich liebe, oder überhaupt keine Arbeit mehr (ich möchte meinen Chef feuern), stressfreien Ruhestand.

Abenteuer und Erholung

- Sein: offen, neugierig und abenteuerlustig.
- Tun: jede Art von Abenteuer, die Welt bereisen, Fallschirmspringen, in die Tiefen der Weltmeere hinabtauchen, auf dem Mond spazieren gehen, das Leben bis zur Neige ausschöpfen.
- Haben: breite und vielfältige Erfahrungen, Gleichgewicht zwischen Arbeit und Freizeit.

Dienen und einen Beitrag leisten

- Sein: einflussreich sein, dienen, ein Lehrer sein, geben und teilen können.
- Tun: eine Fertigkeit lehren, eine Klasse oder einen Kurs leiten, der Gemeinschaft helfen, Freiwilligenarbeit leisten, für wohltätige Zwecke spenden, meine Erfahrungen teilen.
- Haben: Gefühle der Erfüllung haben, die Zufriedenheit fühlen, dass ich etwas bewirkt habe, Einfluss haben.

Dies sind nur Beispiele, mit denen ich Eines demonstrieren will: Sein, Tun, Haben – das ist die Ordnung der Dinge, sie kommen in dieser Reihenfolge. Es gibt einen konkreten Grund dafür. Wenngleich er ganz einfach und logisch ist, wird er manchmal übersehen.

Die Entscheidung über das „Sein“ kommt zuerst, denn was und wer Sie im Verlauf Ihres Zielerreichungsprozesses werden, ist das Allerwichtigste. Das ist der Ankerpunkt – die Startrampe – für alles. Alles verbindet sich wieder mit Ihrer Lebensaufgabe. Wenn Sie die Lücken in der folgenden Übung 1-8 ausfüllen und dabei einige Seiten zurückblättern und nachsehen, wie Sie Ihre Lebensaufgabe beschrieben haben, bin ich ziemlich sicher, dass Sie eine natürliche Synergie und Kongruenz zwischen Ihrer Aufgabe und dem, was Sie in etlichen der sieben Lebensbereiche SEIN wollen, erkennen werden.

Das macht Sinn, nicht wahr? Meine Absicht ist, Sie davon abzuhalten, Ziele von hinten her anzugehen, wie es so viele Menschen tun. Viele Menschen denken nur an Dinge, die sie HABEN wollen. Das entspricht der menschlichen Natur. Also TUN Sie alles Mögliche, um es zu bekommen. Dann schauen sie auf Leute, die haben, was sie wollen. Und sie fragen: „Was machen die? Wie haben die das bekommen?“

Und so starten sie einen neuen Zyklus des TUNs und tun, tun, tun. Sie bekommen schließlich vielleicht das, was sie wollen, aber sie haben einen langen Weg dorthin genommen. Sie haben einen unnötigen Umweg gewählt und viel Kraftstoff verschwendet. Sie haben fast blind begonnen, weil niemand sie gelehrt hat, sich zu disziplinieren und einen bewährten, systematischen Prozess zu verfolgen, durch den Sie dieses Buch führt.

Hier ist die Abkürzung. Das Wichtigste ist, nicht zu fragen „Was tun die Anderen, dass sie haben, was sie haben“, sondern „Welche

Eigenschaften besitzen jene Menschen – was/wer sind sie geworden – so dass sie das bekommen, was sie haben?“ Dann sollten Sie sich darauf konzentrieren, sich diese Eigenschaften selbst anzueignen und sich in Aktion zu setzen. Sie werden dann ganz natürlich die Dinge TUN, die notwendig sind, um letztlich das zu HABEN, was Sie sich wünschen. Darum muss das SEIN an erster Stelle stehen.

WAS WOLLEN SIE? BRINGEN SIE ES AUF DEN RADARSCHIRM

Große Ziele, kleine Ziele, großartige Leistungen – von kleinen Sachen, die man ganz schnell erledigen kann, bis hin zu den ungeheuerlichsten, verwegensten Träumen, Ambitionen und Wünschen: Was auch immer Sie in irgendeinem Lebensbereich sein, tun und haben wollen, schreiben Sie das alles jetzt auf. Erkunden Sie mit unbeschwerter, frei fließender Hingabe die Tiefen Ihres inneren Selbst, bringen Sie Ihre tiefsten Wünsche an die Oberfläche und haben Sie keine Angst davor, sie hinzuschreiben.

„Aber Margie“, sagen Sie jetzt vielleicht, „hast du denn nicht etwas von Disziplin gesagt?“ Und Sie haben natürlich Recht. Doch Disziplin beginnt damit, dass man sich einen Überblick über das Territorium verschafft und dann nach den Goldklumpen sucht; das sind all die neuen Anfänge, die in Ihnen schlummern und nur darauf warten, dass man ihnen Substanz verleiht. Und das verlangt zunächst ein mutiges, wertfreies Denken, das alles für möglich hält.

Für diesen ersten Teil des Prozesses, um zu bekommen, was Sie wollen, müssen Sie es also nur auf den Radarschirm bringen. Schreiben sie alles auf, damit Sie es sehen können, und dann gehen Sie es durch und sortieren Sie es, und dann konzentrieren Sie sich auf die Entscheidungen, die Sie auf Ihren Weg bringen werden.

ÜBUNG 1-8

Was ich will

A. Gehen Sie zuerst zurück und lesen Sie sich die Beispiele für die sieben Lebensbereiche unter der Überschrift „Sein, Tun, Haben – das ist hier die Frage" noch einmal durch.

B. Dann kehren Sie wieder hierher zurück und lassen Sie Ihre Gedanken frei fließen, bis Sie wissen, was Sie sein, tun und haben wollen. Beginnen Sie mit zehn Dingen, die Sie in einem oder mehreren beliebigen Lebensbereichen TUN und HABEN wollen. Dann arbeiten Sie sich dahin zurück, wer und was Sie SEIN müssen, um es zu verwirklichen.

Um dies zu TUN und zu HABEN:	Muss ich so SEIN:
1. ______________________	______________________
______________________	______________________
______________________	______________________

2. ______

3. ______

4. ______

5. ______

6. ______

7. ______

8. ______________________ ______________________

______________________ ______________________

______________________ ______________________

9. ______________________ ______________________

______________________ ______________________

______________________ ______________________

10. ______________________ ______________________

______________________ ______________________

______________________ ______________________

C. Gehen Sie jetzt zurück zu Übung 1-7 und sehen Sie nach, wie Sie Ihre Lebensaufgabe beschrieben haben. Ich denke, Sie werden eine Kongruenz zwischen Ihrer Lebensaufgabe und dem, was in vielen Lebensbereichen SEIN wollen, sehen.

ÜBUNG 1-9

Wählen Sie eines der obigen Ziele

Wählen Sie aus der obigen Liste ein Ziel, dass gerade jetzt am meisten mit Ihnen resoniert. Wer müssen Sie SEIN, um es zu erreichen, und was werden Sie im Ergebnis HABEN?

SCHREIBEN SIE ES AUF

Mein auserwähltes Ziel ist: (Beispiel: ein blühendes Geschäft, das ich von zu Hause aus führe)

____

Ich werde SEIN: (Beispiel: mutig, fürsorglich und konsistent)

____

Daher werde ich Folgendes TUN: (Beispiel: mit mindestens fünf Menschen pro Tag sprechen und später nachhaken)

____

Und schließlich werde ich HABEN: (Beispiel: ein Geschäft, das mir pro Monat 20.000 Euro an passivem Einkommen einbringt)

____

Ich werde dieses Ziel bis (wann) erzielen:

____

SPRECHEN SIE ES AUS

Ich werde in den nächsten 24 Stunden den folgenden Menschen von meinem Ziel erzählen:

____

____

____

____

____

HANDELN SIE ENTSPRECHEND

Ich werde innerhalb der nächsten 24 Stunden folgende Handlungen ausführen:

____

____

____

____

____

Beschließen Sie, dass Sie dieses Ziel ab heute verfolgen werden. Und sobald Sie einmal die praktische Erfahrung gemacht haben, den Prozess vom Anfang bis zum Ende, also bis zur Erreichung dieses Zieles, durchzuführen, werden Sie in der Lage sein, den Vorgang jederzeit für jedes beliebige gewünschte Ziel zu wiederholen.

*„Die Essenz des Lebens ist das persönliche Wachstum; dazu gehören das emotionale, spirituelle, geistige, körperliche und finanzielle Wachstum. All dies ist ein *natürlicher* Wunsch der Menschheit, und jeder Bereich trägt seinen Teil zum Führen eines erfüllenden und ausgefüllten Lebens bei."*

– Bob Burg

KAPITEL 2

Schritt 2: Bauen Sie Glauben auf

„Wenn Sie glauben, Sie können es, können Sie es wahrscheinlich auch. Wenn Sie glauben, Sie können es nicht, werden Sie es sicherlich nicht können. Der Glaube ist der Zündschalter, der Sie von der Startrampe losschießen lässt."

– Denis Waitley

Herzlichen Glückwunsch! Sie sind noch bei mir, weil Sie mehr sein, tun und haben wollen, und Sie sind bereit, dafür zu sorgen, dass es geschieht. Und herzlichen Glückwunsch zu der eingehenden persönlichen Arbeit, die Sie in Kapitel 1 abgeschlossen haben. Wenn Sie nicht alle Übungen abgeschlossen haben, ermutige ich Sie jetzt, wieder zu ihnen zurückzukehren, bevor Sie fortfahren. Wenn Sie diese Übungen sorgfältig durcharbeiten, schaffen Sie damit die notwendige und solide Grundlage für alles, was noch kommen wird.

Danach besteht der nächste Schritt darin, einen überzeugenden und unerschütterlichen Glauben an Ihre Fähigkeit aufzubauen, dass Sie Ihre Träume verwirklichen können.

„Glaube hat die Macht zu schaffen und die Macht zu zerstören. Menschliche Wesen haben die wunderbare

Fähigkeit, jede beliebige Erfahrung aus ihrem Leben zu nehmen und ihr entweder eine Bedeutung zu geben, die sie entmachtet, oder eine, die buchstäblich ihr Leben retten kann.“

– Anthony Robbins

Wenn Sie dieses Kapitel abschließen, werden Sie eine Formel dafür haben, wie Sie Ihre Glaubenssätze und Überzeugungen ändern und anpassen können, damit Sie kontinuierlich in die richtige Richtung auf Ihr Ziel zugehen. Sie werden sich tiefgehend mit Ihren jetzigen Überzeugungen beschäftigen und identifizieren, welche davon nicht relevant sind, welche Ihnen Kraft verleihen und welche davon neu überdacht und durch ermächtigende Überzeugungen ersetzt werden müssen, die Ihre neue Realität gestalten können.

WAS SIND ÜBERZEUGUNGEN EIGENTLICH?

Einfach ausgedrückt sind Überzeugungen Gefühle von Gewissheit. Es sind Ideen, die Sie sich zu Eigen gemacht und die Sie angenommen haben und denen „Beine“ gewachsen sind. Das Einzige, was zwischen einer Idee und Ihrer Fähigkeit steht, sie zu erleben und zu leben, ist einzig und allein der Glaube daran.

Von dem Augenblick an, als Sie Ihren ersten Atemzug machten, haben Sie begonnen, Informationen in sich aufzunehmen, um die Welt zu verstehen. Sie nahmen Kontakt zu Ihren Betreuern auf und lernten, dass Sie durch bestimmte Geräusche bestimmte Reaktionen hervorrufen konnten. Dadurch erlangten Sie Gefühle von Komfort und Sicherheit.

Als sich Ihr Gehirn zu einem denkenden Geist entwickelte, gingen Sie hinaus und sammelten Eindrücke von der Welt und dem Leben und von anderen Menschen, von Geld und von Liebe. Am wahrscheinlichsten ist es, dass Sie diese Eindrücke von Ihrer Familie, von Lehrern, Freunden und vielleicht einer religiösen Gemeinschaft übernahmen. Das Ergebnis gab Ihnen im Wesentlichen vor, was nach dem Glauben dieser wohlmeinenden Menschen gut und böse war. Einiges davon war hilfreich; einiges davon war „Allerweltsgerede"; einiges davon war nicht im Geringsten hilfreich.

Als Sie noch ein kleines Kind waren, besaßen Sie höchstwahrscheinlich weder die Fähigkeit noch den Wunsch, diese Überzeugungen zu hinterfragen. Sie stapelten sich also einfach übereinander und es ist nur natürlich, dass Sie sie akzeptierten und sie quasi in einen virtuellen Rucksack packten, den Sie auf Ihre Reise durch das Leben auf Ihren Schultern tragen würden.

Bei vielen Menschen gehören dazu auch sehr einschränkende Überzeugungen, wie etwa: „Nein, das kannst du nicht tun" und „Du bist nicht sehr gut beim ___" (füllen Sie die Leerstelle selbst aus). Und: „Ach du meine Güte, du bist so was von langsam, kommst immer zu spät, bist zu jung, zu alt, zu dünn, nicht schlank genug ...", was auch immer. Wenn Sie solche Aussagen von Leuten hörten, denen Sie vertrauten, haben Sie sie wahrscheinlich geglaubt, sei es bewusst oder unbewusst. Und alles wurde in Ihren Rucksack gepackt.

Die wichtigste Überzeugung von allen: „Ich bin würdig“

In dem gesamten Prozess des Bekommens, was Sie wollen, gibt es eine Grundüberzeugung, die allen anderen übergeordnet ist. Es ist die Überzeugung, dass Sie entweder würdig oder nicht würdig sind, alles Gute zu erhalten, das das Leben zu bieten hat. Diese eine oder andere Überzeugung befindet sich an der Wurzel jeder Handlung, die Sie in die Richtung Ihrer Ziele ausführen, und sie hat eine tiefgreifende Auswirkung auf Ihre Ergebnisse. Sie müssen diese Überzeugung gleich am Anfang Ihrer Reise richtigstellen. Und behalten Sie sie immer im Auge, denn sie könnte Sie zu Fall bringen.

Leider sind viele Menschen so stark davon überzeugt, dass sie unwürdig sind und dass sie nichts wert sind, dass sie es sich nicht einmal erlauben zu wollen, was sie wollen! Für sie kann das Ergebnis nur sein, dass sie von Anfang völlig gelähmt dastehen.

Dann gibt es auch das entgegengesetzte und gleichermaßen entmachtende Extrem: diejenigen, die in einer Art von hektischer, frenetischer Verzweiflung in Aktion treten, um sich selbst ihre Würdigkeit zu beweisen. (Dieses Verhalten unterscheidet sich grundlegend von der massiven Aktion, die sich aus einem klaren und starken Verständnis seiner Lebensaufgabe ergibt.)

Zwischen diesen Extremen befinden sich die Menschen, die ihre Würdigkeit im Allgemeinen annehmen, aber vielleicht nicht stark genug, um jeglicher Selbstsabotage zu widerstehen. Wenn der Glaube, dass sie nicht würdig sind und etwas nicht verdienen, sich ihnen nicht gleich zu Beginn in den Weg stellt, geschieht dies oft später, wenn alles großartig läuft. Vor allem dann, wenn sie in jedem Bereich ihres Lebens glücklicher sind als je zuvor. Dann kommt der Zeitpunkt, wenn sie nicht umhin können zu fragen: „Also ich weiß nicht ... verdiene ich das wirklich? Ich meine, habe ich wirklich das Recht, in allen Bereichen meines Lebens so glücklich zu sein?"

Es gibt auch eine weniger intensive Version derer, die durch dieses Problem zu Fall gebracht worden sind. Sie geben sich einfach mit weniger als dem Maximum zufrieden, machen auf dem Weg zu der großen Vision halt und setzen sich weitab vor der Erfüllung ihres großen zentralen Ziels zur Ruhe. Sie haben resigniert und sich mit einem beliebigen Ergebnis zufrieden gegeben und streben nicht weiter nach mehr.

Erkennen Sie sich in einer dieser Beschreibungen wieder?

Wenn ja, bitte verstehen Sie, dass Sie nicht bekommen werden, was Sie wollen, solange Sie nicht wirklich daran glauben, dass Sie wirklich verdienen, das zu bekommen, was Sie wirklich wollen. Es ist unmöglich, die Fülle des Lebens anzuziehen, wenn man nicht glaubt, dass man es wert ist. Dies ist eine völlig entmachtende Überzeugung. Und wir haben die MITTEL, diese Überzeugung auszulöschen (zu zerschlagen, zu vernichten, zu zerstören)!

Vier Schritte sind nötig, um entmachtende Überzeugungen sofort und dauerhaft zu entwurzeln und auszulöschen. Sie werden später in diesem Kapitel erklärt, doch halten wir gleich jetzt Eines fest: Sie sind würdig. Ja, Sie sind es wert. Ja, sie verdienen alles Glück der Erde und all die Dinge, die Sie vom Leben haben wollen. Es ist Ihr Geburtsrecht!

ÜBUNG 2-1

Glaube ich, dass ich es wert bin?

A. Gehen Sie tief in sich und suchen Sie nach Anzeichen von dem Glauben, dass Sie nicht verdienen, was Sie wollen. Dann beschreiben Sie, was Sie zu sich selbst sagen, wo Ihrer Meinung nach diese Überzeugung herkommt und wie Sie es hinbekommen können, sie ins Positive umzukehren.

Ich glaube, dass ich nicht verdiene, was ich will, weil...

____

____

____

B. Ich glaube, diese Überzeugung kommt daher, dass...

____

____

____

C. Nehmen Sie sich Zeit, an dieser Stelle in sich zu gehen, und verinnerlichen oder wiederholen Sie die folgende Aussage:

„Ich weiß, dass dies eine falsche, selbstsabotierende Meinung ist und dass das Glück und die Fülle des Lebens mir durch Geburtsrecht zustehen. Ich bin würdig zu empfangen, was ich will, und ich werde dies erklären, wann auch immer ich versucht bin, etwas Anderes zu glauben."

Während Sie sich durch die Schritte in diesem Buch arbeiten, werden Sie verschiedene Arten von Möglichkeiten kennenlernen, wie Sie Ihr Unterbewusstsein umschulen können, damit es seine Überzeugungen richtigstellt. Das ist entscheidend. Dies ist der wichtigste Glaube in Ihrem gesamten Repertoire.

Der Glaube gestaltet die Realität (und das Leben)

Da Glaube dem Menschen das Gefühl von Sicherheit gibt und weil sich Sicherheit angenehm anfühlt, bildet jeder ein Fundament für seinen Glauben. Der Mensch gibt seinem Glauben quasi Beine, damit er mit ihm zusammen durchs Leben gehen kann.

Der Mensch blickt ständig auf seine bisherigen Erfahrungen zurück und sucht darin nach „Beweisen" dafür, dass seine Überzeugungen richtig sind. Die Chancen stehen gut, dass er sie findet. Dann fühlt sich der Mensch beruhigt. Es gibt ihm Komfort. Ich halte diese subtile Gewohnheit, ständig nach Beweisen zu suchen, für den Katalysator der selbsterfüllenden Prophezeiungen, wonach der Glaube die Realität gestaltet. Zum Guten oder zum Schlechten.

So verlieben wir uns in unsere Überzeugungen. Sie werden zu mehr als nur vorübergehenden Gedanken. Wir verankern sie. Wir schätzen sie. Natürlich arbeiten sie für uns oder gegen uns, je nachdem, aus welchem Stoff sie gemacht sind.

> *„Du kannst alles sein, was du sein willst, wenn du nur mit genügend starker Überzeugung daran glaubst und im Einklang mit deinem Glauben handelst; denn was auch immer der Geist sich vorstellen und glauben kann, kann der Geist auch erreichen."*
>
> *- Napoleon Hill*

Wenn Glaube Sie zum Erfolg führen kann, kann er Sie auch zum Misserfolg führen. Auch wenn der Glaube nicht in Ihrem besten Interesse ist, weil er nicht dazu passt, was Sie sein, tun und haben wollen, kann die unaufhörliche Suche nach Beweisen, dass er richtig ist, diesen Glauben in die Realität umsetzen. Daher müssen Sie natürlich sicherstellen, dass Ihre Gedanken Sie nicht austricksten und Ihnen entmachtende Überzeugungen auferlegen.

Das erinnert mich an ein Beispiel, wo etwas so groß im Raum stand, dass es eigentlich unübersehbar war. Es war in einem Geschäftsseminar. Ich saß mit einem Paar zusammen, das seit neun Jahren ein

Unternehmen aufbaute. Das erste, was die Beiden sagten, war: „Wir haben nicht den Geschäftserfolg, den wir wollen. Die Leute scheinen uns nicht ernst zu nehmen. Wir bemühen uns immer noch, aber wir schaffen es offenbar nicht."

„Warum ist das das Erste, was Sie mir sagen?", fragte ich.

„Tja, das wissen wir auch nicht", war die zweifelnde Antwort. Doch als ich fortfuhr, Fragen zu stellen, kam die Antwort klar zu Tage. Sie hatten den Überzeugungen „Die Leute scheinen uns nicht ernst nehmen" und „Wir schaffen es offenbar nicht" Beine gegeben.

Also fragte ich sie, ob sie in ihren neun Jahren irgendwelche Beweise dafür gesammelt hätten, dass die Leute Ihnen sehr wohl zuhören und dass sie in der Tat sehr gut beim Geschäftsaufbau vorankommen.

„Nö, wieso?" sagten sie – beinahe so, als wären sie überrascht, wie ich so eine lächerliche Frage stellen konnte.

Ich fragte: „Warum wollen Sie jener Überzeugung keine Beine geben?" Und ich sagte, dass wenn ihre Erfahrungen Beweise für Misserfolge und Erfolge beinhalteten, auch wenn die eine dominanter sein möge als die andere, warum wählten sie nicht, diejenigen Beweise wahrzunehmen und ihnen Beine zu geben, die sie ihrem Ziel näher bringen würden? Warum bestärkten sie ihre früheren Erfolge nicht, statt sie zu ignorieren?

Ohne es zu merken, hatten sie sich an eine hinderliche Meinung geklammert und diese hinderte sie an der Erreichung ihrer Ziele.

Genauso wie ihre negativen Erwartungen die Ursache für ihre negativen Ergebnisse zu sein schienen, scheint meine Tochter Nicole stets positive Ergebnisse zu bekommen, weil sie immer das Beste von der Welt um sich herum erwartet. So ist das nun einmal: Wenn man lächelt, lächelt die Welt zurück. Das vielleicht beste Beispiel ereignete sich während ihres Auslandsstudiums in Frankreich.

In der Mitte des Semesters ging das französische Bildungssystem in den Streik. Sie beschloss, das Beste aus diesem Umstand zu machen und eine kleine Reise durch Europa zu unternehmen – auf „Studentenart" mit einem Rucksack und Übernachtungen in Jugendherbergen.

Als sie eines Abends in Spanien auf einen Zug wartete, schlief sie ein, und als sie wieder aufwachte, stellte sie fest, dass ihr Rucksack verschwunden war. Zum Glück hatte sie sich angewöhnt, ihren Pass immer in ihrer Hosentasche mitzutragen, aber alles andere war weg.

Es war nicht einfach, eine Zweigstelle der Western Union oder eine andere Stelle zu finden, wo sie eine neue American-Express-Karte bekommen konnte. Sie ging quasi nach Gefühl vor, um eine Stadt zu finden, die groß genug war, dass man dort diese Dinge organisieren könnte. Dies machte ihr natürlich einen Strich durch ihre Pläne, doch es hätte schlimmer kommen können: Es hätte sie verbittert gegen die Welt machen können. Doch drei Tage später erhielt ich eine E-Mail von ihr, in der es hieß: „Mama, ich kann gar nicht glauben, wie wundervoll die Menschen hier sind. Überall, wohin ich gehe, helfen mir die Leute. Ich kam heute Abend in dieser Herberge an. Sie gaben mir ein kostenloses Essen und lassen mich hier kostenlos übernachten. Und morgen fahre ich in jene Stadt und ich habe erfahren, dass es dort nur an einem Tag im ganzen Jahr ein besonderes Fest gibt, und glaub es mir oder nicht, das ist ausgerechnet an dem Tag, wo ich dort sein werde. Das Leben ist so toll!"

Als ich ihre Worte las, dachte ich mir: Andere könnten die Meinung angenommen haben, dass alle Europäer Verbrecher sind, man müsse ständig auf der Hut sein, das sei schrecklich, das sei katastrophal. Aber sie sah die Welt aus einem anderen Blickwinkel. Sie sagte sich: Die Leute werden mir helfen, ich kann damit klarkommen, ich werde es so schnell wie möglich in Ordnung bringen, und ich hoffe, dass wer auch immer meine Sachen geklaut hat, sie nötiger gebraucht hat als ich. Und sie hatte ein schönes Erlebnis.

Sie schloss das so ab: „Ich kann gar nicht glauben, wie schön das Leben ist und wie großartig die Leute sind." Und ich erinnere mich, dass ich mir dabei gedacht habe: „Und so wird es immer für dich sein, Nicole. Denn das ist es, wonach du Ausschau hältst. Das ist, was du dir erwartest."

Was erwarten Sie sich? Was werden Sie wohl im Gegenzug bekommen?

DAS GUTE AN ÜBERZEUGUNGEN

Sie können sie frei wählen. Sie bestimmen selbst, worauf Sie sich konzentrieren wollen. Und worauf auch immer Sie sich konzentrieren – ob es in Ihrem besten Interesse ist oder nicht – davon werden Sie mehr bekommen. Ist das nicht toll?

Gibt es irgendwo in Ihrem Leben Beweise dafür – und sei es auch nur ein einziger –, dass Sie außerordentlich ehrgeizig sind und wissen, wie man etwas auf die Beine stellt?

Gibt es irgendwo in Ihrem Leben Beweise dafür, dass Sie faul sind und Dinge aufschieben?

Es gibt Beweise für beides, nicht wahr?

Welche werden Sie also wählen, um ihnen Ihre kostbare Energie zu schenken? Wird es der Glaube sein, dass Sie faul sind und zögern und nichts zu Stande bringen? Oder wird es derjenige sein, dass Sie ehrgeizig sind, zur Tat schreiten und sie vollbringen, sobald Sie einen Entschluss gefasst haben?

Wenn Sie je auch den flüchtigsten Erfolg erlebt haben und es geschafft haben, etwas zu erreichen, und Sie darüber nachdenken, diesem Gedanken Ihre Energie geben und eine Überzeugung drum herum aufbauen, wird es Sie zu Ihren Träumen führen - genauso sicher, wie der Glaube daran, dass Sie nur Misserfolg haben, Sie zum Misserfolg führen wird.

> *„Menschen werden oft zu dem, was sie glauben zu sein. Wenn ich glaube, dass ich etwas nicht tun kann, macht es mich unfähig, es zu tun. Aber wenn ich glaube, ich kann es, dann erwerbe ich die Fähigkeit, es zu tun, selbst wenn ich sie am Anfang nicht hatte.“*
>
> *- Mahatma Gandhi*

Die Herausforderung, Ihre Überzeugungen zu wählen

Wie bereits erwähnt, habe ich einen Hintergrund im Network-Marketing, wo das Geschäftsmodell darauf beruht, ein ständig wachsendes Team von unterschiedlichen Personen aufzubauen und sie zu lehren, ihre eigenen Teams aufzubauen. Dazu gehört naturgemäß ein fortlaufender Prozess der Selbstentwicklung und des persönlichen Wachstum aller Beteiligten, deren gemeinsames Ziel unternehmerischer und finanzieller Erfolg ist.

Schon frühzeitig erkannte ich, dass ich, um so ein Geschäft aufzubauen, mich selbst umfassender weiterentwickeln müsse, als es alle meine früheren Beschäftigungen von mir verlangt hatten. Ich beschäftigte mich daher mit Studien zur Persönlichkeitsentwicklung und Führungsfähigkeiten, beobachtete das Verhalten erfolgreicher Menschen und verfolgte meine eigenen Fortschritte. Ich wurde eins mit den Gezeiten des verebbenden und fließenden Wachstumsprozesses, den Sie in diesem Buch kennenlernen: entscheiden, glauben, sich vorstellen, bekräftigen, ins Herz schließen, handeln.

Mir fiel auf, dass in der Praxis diese Schritte in einer dynamisch fließenden Weise miteinander verflochten waren. Während jeder Schritt dem anderen dient, werden sie selten der Reihenfolge nach durchgeführt. Ebenso wie ein Maler seinen Pinsel in eine Farbe auf seiner Palette taucht und damit Tupfer in den unterschiedlichsten Bereichen seiner Leinwand macht und dies dann mit der nächsten und wiederum nächsten Farbe wiederholt, bis seine Idee Form annimmt, genauso werden Sie feststellen, dass Sie sich flüssig zwischen den Schritten hin und her bewegen und die verschiedenen Teile des Prozesses sich überkreuzen werden.

Beispielsweise können Sie schon eine Entscheidung treffen und zur Tat schreiten, während Sie weiterhin Ihren Glauben aufbauen. Diese Aktion gibt Ihnen Vertrauen und Feedback und Sie beginnen, Ihre Vision mit mehr Klarheit und Tiefe zu konzipieren (siehe Kapitel

3). Manchmal wird Ihre Vision den Weg weisen. Vor allem dann, wenn Ihre Vision stärker als Ihr Glaube ist. Ihre Vision könnte auch schon so klar sein, dass sie Sie unmittelbar zur Tat hinführt. Das natürliche, laufende Zusammenspiel zwischen diesen Aktionen des Schaffens hilft Ihnen zu bekommen, was Sie wollen.

Ungeachtet dessen habe ich festgestellt, dass der Prozess der Wahl einer ermächtigenden Überzeugung Hand in Hand mit dem Schritt der Entscheidungsfindung geht. Danach ist wahrscheinlich die Aufrechterhaltung der ermächtigenden Überzeugung Ihre größte Herausforderung. Sie müssen sie im Blick behalten. Andernfalls kann sie entmachtenden Überzeugungen zum Opfer fallen, die seit Jahren in Ihnen verwurzelt sein mögen, ohne dass es Ihnen bewusst ist, so wie es bei dem Paar auf dem Seminar der Fall war.

Sie müssen also ständig auf der Hut sein und auf die Qualität und das Wesen Ihres Denkens achten. Den Glauben an das Beste zu wählen und dann daran festzuhalten, ist eine Fähigkeit, die ständig gepflegt werden muss, wie Sie später im Detail erfahren werden.

Es reicht wohl, wenn man sagt, dass selbstsabotierende Zweifel, Ängste und beschränkende Glaubenssätze unerbittlich an die Türen Ihres Verstands pochen werden. Sie werden an jeder Ecke drohend sichtbar werden und oft am lautesten auf Sie einhämmern, wenn die Dinge beginnen, sich zum Guten zu wenden.

Ich lernte schließlich, routinemäßig entmachtende Glaubenssätze durch ermächtigende zu ersetzen. Ich holte mir frühere Beweise für erstmalige Erfolge von allem Beliebigen aus meinem Gedächtnis zurück und nutzte es, um meine Gedanken mit Beweisen zu durchdringen, dass ich bei meinem derzeitigen Streben wiederum erfolgreich sein könne. Ironischerweise kann das gleiche Vorgehen von Menschen auch Leute von ihren Zielen abhalten, wenn sie sich dafür entscheiden, sich nur auf Beweise für frühere Misserfolge zu konzentrieren. Doch indem ich bei den Beweisen, die ich suchte, sehr selektiv vorging, konnte ich mit offenen Augen einen konkreten Glaubenssatz wählen und dann aufrechterhalten. Und das hat funktioniert.

Die vielleicht umwerfendste Demonstration dessen war, als ich sah, wie es bei einer ganzen Reihe von Menschen gleichzeitig geschah.

Es war in meinem zehnten Jahr mit meiner Muttergesellschaft. Ich beschloss zu versuchen, einen Rang – Crown Diamond – zu erreichen, den vorher noch niemand erreicht hatte. Dazu würde ein Maß an Führungskraft, Teamarbeit und Teambildung nötig sein, das alles übertraf, das jemand von uns je zuvor versucht hatte. Mit meiner Unterstützung mussten die teilnehmenden Mitglieder meines Teams ihre eigenen Geschäfte in relativ kurzer Zeit erheblich ausbauen, und ich musste dasselbe tun, so dass jeder von uns auf einen höheren Rang steigen könnte.

Oh, wie ich mich selbst mit Zweifeln bombardierte, ob ich fähig sei, es zu schaffen! Es schien wie eine Ewigkeit, bis ich mich durch die Schritte der Entscheidungsfindung und des Glaubensaufbaus durchgerungen hatte. Ich konnte mich unmöglich dazu entscheiden, solange ich nicht zuerst daran glauben konnte, dass ich das Ziel wirklich erreichen konnte. Ich fühlte mich festgefahren, weil ich nach dem sicheren Erfolg verlangte, bevor ich überhaupt bereit war, mich vorwärts zu bewegen.

Dies war ein sehr großes Ziel. Wenn Sie ein großes Ziel haben, gibt es Zeiten, wo Sie zurückgehen und noch mehr als den üblichen Glauben an die Sache aufbauen müssen. Ich bemerkte, dass ich eine ganz neue Reihe von hemmenden inneren Dialogen verarbeitete. Ich musste es spezifischer in Worte fassen und es stärker in mein Herz schließen.

Als ich schließlich einfach nur laut erklärte „Ich werde es tun", empfand ich ein ruhiges Gefühl des Friedens, das mich zuversichtlich auf meinen Weg schickte. Von da an beflügelte die Macht der Entscheidung jeden meiner Schritte. Das Team begann fast sofort, Fortschritte zu machen. Alle von uns hielten an dem Glauben fest, dass wir etwas tun könnten, das noch niemand zuvor in der Geschichte unserer damals 12 Jahre alten Muttergesellschaft getan hatte.

Wir schufen eine Mastermind-Gruppe (mehr dazu in Kapitel 6). Vier Monate lang lernten und wuchsen wir gemeinsam. Wir bauten den Glauben an jeden einzelnen Teilnehmer auf, dass er erreichen könne, wozu er sich bereit erklärt hatte. Das wunderschöne Zusammenspiel dieser Schritte und die reichen Ergebnisse für eine ganze Reihe von Menschen auf einmal zu beobachten war eine Erfahrung, die man nicht beschreiben kann. Noch in den letzten Minuten brachten einige Teammitglieder Ergebnisse ein, die niemand für möglich gehalten hätte. Es geschahen Dinge „aus dem blauen Himmel", die man nur als Wunder bezeichnen konnte.

Das Ergebnis war nicht nur, dass ich der erste Crown Diamond des Unternehmens wurde. Ich hatte außerdem die Freude, 24 Menschen zu beobachten, die ebenfalls genau das schafften, was sie sich vorgenommen hatten. Am Abend der Veranstaltung, auf der die

Auszeichnungen verliehen wurden, rückten sie alle auf einen Rang vor, den im Vorjahr unternehmensweit nur zwei Personen erreicht hatten! Dank der Macht der Entscheidung und unseres Engagements und Entschlusses, entmachtende Überzeugungen zu Gunsten der ermächtigenden beiseite zu fegen, haben wir überreichlich bewiesen, dass der Prozess funktioniert.

Jetzt fordere ich Sie auf, nie wieder Ihren kostbaren Fokus und Ihre aktuell verfügbare Energie auf Überzeugungen zu verschwenden, die Sie nicht dem näher bringen, was Sie wirklich sein, tun und haben wollen.

ÄNDERN SIE IHRE MEINUNG

Was finden Sie selbst in diesem Rucksack von Überzeugungen und Meinungen, den Sie schon so viele Jahre auf Ihren Schultern tragen? Ist es möglich, dass einige davon mittlerweile überholt sind? Könnte es sein, dass einige keine Grundlage in der Realität haben? Sind möglicherweise einige davon geradezu entmachtend? Was muss neu überdacht und ersetzt werden? Was hält Sie möglicherweise von Ihrem besten Wohl ab?

ÜBUNG 2-2

Aktion 1 – Überprüfen Sie Ihre Meinung

Diese Übung und wie Sie darauf reagieren wird für Sie eine Methode darstellen, wie Sie schnell und dauerhaft entmachtende, schwächende Meinungen oder Überzeugungen entwurzeln und ersetzen können. Sie werden darin aufgefordert, diese vier Handlungsschritte (Aktionen) durchzuführen:

- Aktion 1: Überprüfen Sie Ihre Meinungen.
- Aktion 2: Identifizieren Sie Ihre entmachtenden Meinungen.
- Aktion 3: Ersetzen Sie sie durch ermächtigende Meinungen; hören Sie auf, entmachtenden Meinungen Ihre aktuell verfügbare Energie zu geben.
- Aktion 4: Listen Sie Ihre erstmaligen Erfolge aus der Vergangenheit auf.

Füllen Sie die Lücken so detailliert aus, wie es geht. Mehrere Antworten sind möglich. Einige können sogar im Widerspruch zu einander stehen. Das spielt keine Rolle. Was wir jetzt wollen, ist Ihre erste Reaktion aus dem Bauch heraus. Seien Sie ehrlich. Beschönigen Sie nichts und glauben Sie nicht, Sie müssten „die einzig richtige Antwort" geben. Schütten Sie so viele Meinungen aus sich heraus, wie Ihnen einfallen, und hören Sie nicht auf. Auf diese Weise werden Sie bald erkennen, welche Überzeugungen ermächtigend sind und welche Sie ersetzen sollten.

A. Was glauben Sie über das Leben? Ist das Leben beispielsweise ein fantastisches Abenteuer, das Ihnen Chancen für Wachstum bietet? Oder ist das Leben eine harte Probe, die man einfach ertragen muss? Hat sich alles gegen Sie verschworen? Scheint es unmöglich, jemals über Ihren aktuellen Zustand hinaus zu kommen? Was auch immer Sie über das Leben glauben, schreiben Sie es jetzt mit Hingabe auf.

MEINE MEINUNG ÜBER DAS LEBEN

Das Leben ist ______________________________

____

____

____

____

Soweit es um mein eigenes Leben geht, ______________

____

____

____

____

In meinem Leben scheint es immer ______________________

____

____

____

____

Mein Leben ist ________________________________

____

____

____

____

B. Als Nächstes überlegen Sie, was Sie über sich selbst glauben. Zum Beispiel: Glauben Sie, dass Sie wirklich erreichen können, was Sie sein, tun und haben wollen? Oder glauben Sie umgekehrt, dass Sie, egal wie fleißig Sie arbeiten, nichts zustande bringen werden? Glauben Sie, dass Sie stark oder schwach sind? Glauben Sie, dass Sie gute oder nicht so gute Fähigkeiten haben, etwas zu erreichen? Und so weiter. Schreiben Sie hier und jetzt in Ihren eigenen Worten genau auf, was Sie über sich selbst glauben.

MEINE MEINUNG VON MIR SELBST

Ich bin (schreiben Sie alles auf, was Ihnen einfällt, und das könnte eine ganze Menge sein!)

____

____

____

____

Ich scheine immer ____________________

____

____

____

____

Ich wünschte, ich ____________________

____

____

____

____

Was meine Fähigkeiten betrifft, ____________________

____

____

____

____

Soweit es darum geht, meine Träume zu verwirklichen, ________

____

____

____

____

C. Als Nächstes überlegen Sie: Was glauben Sie über Menschen im Allgemeinen? Zum Beispiel: Glauben Sie, dass fast jeder um Sie herum bereit ist, Ihnen zu helfen und Sie bei der Erreichung Ihrer Ziele und Träume zu unterstützen? Sind die Menschen von Grund auf gut und tuen das Beste, das Sie können? Oder glauben Sie, dass Beziehungen schwierig sind und dass man vor den Menschen auf der Hut sein muss und vorsichtig auswählen muss, wem man Vertrauen schenkt? Glauben Sie, dass Sie von Liebe umgeben sind, wo auch immer Sie hingehen? Oder dass Menschen Sie nicht akzeptieren? Oder dass Sie nicht respektiert werden? Schreiben sie alles gleich hier auf.

MEINE MEINUNG ÜBER ANDERE

Die Menschen sind ____________________

____

____

____

____

Beziehungen sind ____________________

____

____

____

____

Soweit es um andere Menschen geht, finde ich, dass ____________________

____

____

____

____

Die Leute sind immer ____________________

____

____

____

____

Wenn ich von Anderen Unterstützung brauche, sind sie __________

____

____

____

____

D. Als Nächstes schreiben Sie auf, was Sie über Geld glauben. Glauben Sie, dass es schwer zu verdienen und leicht zu verlieren ist? Dass es nicht auf Bäumen wächst? Dass die Liebe zum Geld die Wurzel allen Übels ist? Glauben Sie, dass es schnell und einfach aus mehreren Quellen zu Ihnen fließt? Dass Geld einfach ein Tauschmittel für erbrachte Dienstleistungen ist; ein Mechanismus zum Messen des Beitrags, den man leistet? Dass Sie verdienen, es zu haben, oder nicht? Was auch immer, schreiben Sie es gleich hier auf.

MEINE MEINUNG ÜBER GELD

Geld ist ____

____

____
____
____

In Bezug auf Geld bin ich ________________________________

In Bezug auf Geldverdienen bin ich __________________________

Als Geschäftsfrau/Geschäftsmann bin ich ____________________

Reiche Leute sind ______________________________

____

____

____

____

Können Sie jetzt erkennen, dass alles, was Sie über diese Dinge glauben, das Prisma darstellt, durch das Sie die Welt betrachten? Und erkennen Sie jetzt die Kraft des Glaubens für die Gestaltung Ihres Lebens zum Besseren oder zum Schlechteren? Denken Sie daran: Wenn Sie etwas Bestimmtes glauben, halten Sie instinktiv Ausschau nach Beweisen dafür, dass es stimmt.

Aktion 2 – Erkennen Sie Ihre entmachtenden Meinungen

Gehen Sie zurück zu Ihren Aufzeichnungen und fragen Sie sich: „Bringt mich diese Überzeugung meinen Zielen näher?" Überdenken Sie Ihre negativen Meinungen. Haben Sie zum Beispiel etwas Negatives über reiche Leute aufgeschrieben? Halten Sie sie womöglich für hochnäsig, unehrlich und geizig oder glauben Sie, sie hätten einfach nur Glück gehabt? Aber Sie wollen selbst doch auch wohlhabend sein, nicht wahr? Machen Sie sich in diesem Fall bewusst, dass Sie nie etwas Gutes erlangen können gut, wenn Sie es als ein Übel oder als etwas Schlechtes gekennzeichnet haben. Dies entmachtet Sie, das zu bekommen, was Sie wollen. Segnen Sie stattdessen alles, was Sie sich wünschen. Erkennen Sie es an. Bauen Sie einen Tempel drum herum. Beglückwünschen Sie diejenigen, die es haben, und beglückwünschen Sie sich selbst dafür, dass Sie es haben wollen!

Nun gehen Sie zurück zu Aktion 1 und kreisen Sie jede Meinung ein, von der Sie glauben, dass sie Sie von Ihrem höchsten Wohl abhalten könnte.

Aktion 3 – Ersetzen Sie sie mit ermächtigenden Meinungen

Jetzt ist der Zeitpunkt gekommen, um in allen diesen Kategorien neue ermächtigende Überzeugungen zu wählen oder zu schaffen. Dazu fragen Sie sich: „Was ist die kraftvollste Meinung, die ich über ____ haben könnte?" Stellen Sie sich die Frage, machen Sie eine Pause und die Inspiration wird kommen! Notieren Sie sich nachfolgend die Antworten.

Was ist das Kraftvollste, das ich über das Leben glauben könnte?

____

____

Was ist das Kraftvollste, das ich über mich selbst und meine Fähigkeit, mir meine Wünsche zu erfüllen, glauben könnte?

Was ist das Kraftvollste, das ich über Andere glauben könnte?

Was ist das Kraftvollste, das ich über Geld glauben könnte?

____

____

____

____

____

Was ist das Kraftvollste, das ich über die Ziele glauben könnte, die ich erreichen möchte?

____

____

____

____

____

Sie haben gerade den Ersatz für Ihre entmachtenden Meinungen geschaffen. Wenn Sie Ihren Fokus auf diese kraftvolleren Ideen richten, werden sie zu den Glaubenssätzen, denen „Beine wachsen" werden. Und jeder Glaubenssatz, der mit den Obigen nicht resoniert ist einer, den Sie ausschließen sollten. Entscheiden

Sie sich hier und jetzt, dass Sie nie wieder Ihre aktuell verfügbare Energie einer Meinung widmen werden, die Sie nicht Ihren Zielen näherbringt.

Aktion 4 – Listen Sie Ihre erstmaligen Erfolge auf

Erstmalige Erfolge in Ihrer Vergangenheit bieten Beweise, dass Sie wieder erfolgreich sein können, um zu bekommen, was Sie wollen. Beispiele dafür sind: Autofahren lernen, ein Spiel oder einen Wettkampf gewinnen, die beste Note in einer Prüfung bekommen, eine kreative Fertigkeit meistern, eine Auszeichnung verdienen, eine Beförderung oder eine Anerkennung bekommen, ein schwieriges Versprechen erfüllen und so weiter. Erinnern Sie sich an die Selbstzweifel, die Angst, den Schmerz, die Leidenschaft, die Entschlossenheit und den Einsatz, die damals den ganzen Prozess begleitet haben – und dann die Freude am Erfolg! Vielleicht waren Sie sogar überrascht von sich selbst, dass Sie es geschafft hatten! Behalten Sie stets in Erinnerung, was Sie bisher erreicht haben. Sie haben das getan! Sie können es wieder tun!

Schreiben Sie einige konkrete Fälle auf, in denen Sie wirklich stolz auf sich waren. Erstellen Sie gleich hier eine Liste.

Meine erstmaligen Erfolge

____

____

____

____

____

Die soeben erstellte Liste wird Ihr Archiv der unterstützenden Beweise sein, dass die kraftvollen Meinungen, die Sie annehmen, richtig sind. Sie haben gerade Ihre eigene, persönliche Methode für die sofortige und dauerhafte Änderung Ihrer behindernden Meinungen und den Aufbau des Glaubens entwickelt, dass alles, was Sie geschehen lassen wollen, auch geschieht!

KAPITEL 3

Schritt 3: Bauen Sie eine überzeugende Vision auf

„Träume hochfliegende Träume, und wie du träumst, so wirst du werden. Deine Vision ist das Versprechen dessen, was du eines Tages sein wirst; dein Ideal ist die Prophezeiung dessen, was du letztendlich enthüllen wirst."

– James Allen

An dieser Stelle will ich Sie drängen, ein bisschen unverschämt zu sein. Neben den Notwendigkeiten, dass Sie Ihr Ziel definieren, die Entscheidung treffen, es zu verfolgen, und den Glauben aufbauen, dass Sie es erreichen werden, müssen Sie auch in der Lage sein, es groß genug sehen zu können. Sie müssen kühn denken. Sie müssen großzügig denken. Es gibt keine Inspiration in kleinen Visionen und kleinen Träumen. Das bedeutet, dass sie täglich die Visualisierung praktizieren müssen, als Mittel zur Stärkung, Kristallisierung und Aufrechterhaltung Ihrer Vision, dass Sie tatsächlich bekommen werden, was Sie wollen.

„Phantasie ist alles. Es ist die Vorschau auf die kommenden Attraktionen des Lebens."

- Albert Einstein

Phantasie. Was für eine Gabe. Eine Vorschau auf die kommenden Attraktionen des Lebens. Wie tiefgründig. Ein visionärer Mensch hat die Vorstellungskraft, Dinge, die noch nicht geschehen sind, mit einer solchen Klarheit und Intensität zu sehen, dass er sie ins Dasein bringen kann, und er wird nicht eher ruhen, bis es vollbracht ist. Wo sonst außer aus der menschlichen Vorstellungskraft sind denn je Erfindungen gekommen, von den ersten groben Werkzeugen des Urzeitmenschen bis hin zu den Raumschiffen, die Menschen auf unseren Mond gebracht haben?

„Sie haben allen Grund der Welt, Ihre erhabensten Träume zu verwirklichen. Phantasie plus Innovation ist gleich Realisierung."

- Denis Waitley

VISION

Phantasie ist Vision: Es ist diese herrliche, einzigartige Fähigkeit von uns menschlichen Wesen, in unseren Köpfen Bilder zu malen. Unsere Augen nehmen jede Sekunde 4 Millionen Bits Informationen auf und unsere Phantasie verarbeitet sie alle. Wir denken buchstäblich in Bildern. Und wir tun es die ganze Zeit.

Genauso wie Überzeugungen immaterielle Ideen sind, denen wir „Beine wachsen" lassen, sind Visionen immaterielle Gedanken, die wir in Bilder verwandeln. Die Macht unserer angeborenen Vision ist so stark, dass wir die gedruckten Worte in einem Buch lesen und sie in lebendige geistige Bilder umformen können, die bei Weitem das übertreffen, was Hollywood produzieren kann.

Haben Sie jemals ein Buch gemocht und waren dann von dem Film enttäuscht? Ich erinnere mich, dass ich einmal Les Miserables las und mich in Tränen auflöste. Ich weiß gar nicht mehr, was ich eigentlich in diesen gedruckten Worten „sah", aber als ich mir das Broadway-Musical ansah, stellte ich fest, dass keine der Personen zu dem Bild passte, das ich mir von ihr gemacht hatte. Ich dachte mir: Nein, da stimmt etwas nicht. Ich hatte eine viel größere Vision. Wenn Sie jemals eine solche Erfahrung gemacht haben, wissen Sie ganz genau, was ich meine. Die Bilder, die Sie in Ihrem Kopf schaffen, können so viel großartiger sein als die, die jemand anderer auf die Leinwand oder die Broadway-Bühne bringen könnte. Unterschätzen Sie also nicht Ihre visionäre Kapazität.

> *„Vision ist die Kunst zu sehen, was für andere unsichtbar ist."*
>
> *- Jonathan Swift*

Vision hebt Sie über eine der schwierigsten Hürden, die es gibt: Sie befreit Sie von den Fesseln des ständigen Betrachtens Ihrer aktuellen Umstände, die Ihnen nicht gefallen, und versetzt Sie im Geist in eine Situation, in der Sie die Umstände, die Sie sich wünschen, „erleben".

Sie haben eine natürliche Begabung, die Ihnen die Fähigkeit verleiht, diese erstaunliche Kraft nach Belieben zu nutzen, um eine überzeugende Vision von etwas zu konzipieren, das noch nicht geschehen ist.

Die überzeugende Vision, die Sie erstellen, wird zu Ihrer eigenen internen Ressource der Inspiration und Motivation. Sie wird Ihnen eine Aufgabe stellen. Einen Grund zum Leben geben. Sie wird Sie morgens aus dem Bett springen lassen. Sie wird dafür sorgen, dass Sie jedem Tag mit freudiger Erwartung entgegensehen. Sie wird Ihrem Geist Auftrieb geben. Sie wird Ihnen einsagen, wie Sie planen sollen. Sie wird Ihnen helfen, Ihre Augen auf das Ziel gerichtet zu halten, so dass Sie sich nicht mit Kleinigkeiten verzetteln. Wie ein GPS im Auto oder der Nordstern am Nachthimmel wird Sie Ihre Vision auf dem Kurs zu Ihren Träumen halten. Und Sie haben die völlige Freiheit, jede beliebige Vision zu erstellen, zu pflegen und zu kultivieren, die Sie wünschen.

> *„Schaffe eine Vision und lass nie die Umwelt, Meinungen anderer Menschen oder die Grenzen dessen, was in der Vergangenheit vollbracht wurde, deine Entscheidungen beeinflussen. Ignoriere herkömmliche Auffassungen."*
>
> *– Anthony Robbins*

Ihre Vision kann Sie zu etwas Großartigem führen. Sie wird Sie antreiben, etwas Wesentliches in dieser Welt zu bewirken. Sie wird Ihnen durch Herausforderungen und über Hindernisse hinweg helfen,

Ihre Heiterkeit auf den stürmischen Meeren voller Widrigkeiten erhalten und Ihnen zum Erfolg verhelfen, wo andere scheitern. Sie gibt den Anstoß, der Sie aus Ihrer Komfortzone treten lässt, um Dinge tun, die neu und herausfordernd sind.

> *„Sei kühn, sei anders, sei unpraktisch, sei alles, was die Integrität deiner Lebensaufgabe und deine phantasievolle Vision bestärkt und sie vor den Sicherheitssuchenden, den gewöhnlichen Kreaturen, den Sklaven des Normalen behaupten wird."*
>
> *– Cecil Beaton*

Ich kann mir nur wenige Dinge vorstellen, die wichtiger sind als die Schaffung einer genauen, klaren und überzeugenden Vision dessen, was Sie wollen, von dem Moment an, an dem Sie Ihre Reise zu Ihrem Ziel antreten. Wie kann man sich denn überhaupt ein Ziel setzen, wenn man keine bildliche Vorstellung davon hat? Das geht nicht. Aber Ihre Vision dient als Inspiration dafür, sich Ziele mit einen Zeitrahmen zu setzen, Ziele, die kristallklar, spezifisch, messbar, realistisch und erreichbar sind.

Wer wirklich die Kraft der Vision begriffen hat, wird seine Beziehung zum Leben für immer verändern. Wir sind nicht durch unsere Fähigkeiten oder durch unsere aktuellen Umstände beschränkt. Wir sind nur beschränkt durch das, was wir uns vorstellen können.

„Eine Vision ist nicht nur ein Bild davon, was wir sein könnten; sie ist ein Appell an unser besseres Selbst; ein Aufruf, etwas mehr aus uns zu machen."

– Rosabeth Moss Kanter

Aufrechterhaltung Ihrer Vision

Es ist natürlich recht einfach, Bilder in seinem Kopf zu erstellen, denn, wie wir schon gesagt haben, ist es für Menschen etwas ganz Natürliches. Doch eine Vision aufrecht zu erhalten und sie groß genug zu machen, damit sie zu Ihrem Vorteil wirken kann, ist wieder etwas anderes.

Wie ist es möglich, Ihre Vision aufrecht zu erhalten, wenn der Zustand Ihres Lebens heute alles andere ist als was Sie es haben wollen?

Wie können Sie verhindern, dass die heutigen Bedingungen, Ergebnisse und Finanzen Ihren Geist verleiten zu glauben, dass sie morgen genauso sein werden?

Wie können Sie das „Rückspiegeldenken" abschalten, das Sie daran hindert, geradeaus nach vorne zu schauen? Das Rückspiegeldenken entspricht dem Rückwärts- statt Vorwärtssehen beim Autofahren. Es bedeutet, dass Sie sich auf Ihre heutigen Umstände konzentrieren, die das Resultat Ihrer gestrigen Gedanken, Gewohnheiten und Handlungen sind. Unwissentlich und unbeabsichtigt betrachten die meisten Menschen ihr Leben auf diese Weise. Tun Sie es auch?

Seit ich beschlossen habe, mein Geschäft aufzubauen, habe ich mich geweigert, rückwärts zu schauen oder das Handtuch zu werfen. Aber viele um mich herum haben beides getan, als wir über einen Zeitraum von drei Jahren eine Reihe von drei großen Krisen erlebten; alle befanden sich außerhalb unserer Kontrolle.

Als die erste Krise zuschlug, war ich schon bestens auf dem Weg zu meiner ersten Million. Der gesamte Schwerpunkt des Unternehmens – und damit das Geschäft eines jeden Vertriebspartners – lag auf einem sich gut verkaufenden Flaggschiff-Produkt. Doch bei langfristiger Nutzung begann sich zu zeigen, dass dieses Produkt nicht hielt, was es versprach. Oje. Tausende von Kunden und Team-Mitgliedern wanderten innerhalb weniger Monate ab. Diejenigen, die blieben, verloren ihren Schwung und wurden weitgehend inaktiv.

Im zweiten Jahr baute ich mein Geschäft wieder neu auf, als buchstäblich Tausende von Menschen, die nicht in der Lage gewesen waren, den erhofften Erfolg zu finden, beschlossen, ihr Unternehmen zu verlassen und dem unsrigen beizutreten. Ich investierte alles, was ich hatte, um ihnen zu einem erfolgreichen Start zu verhelfen und dazu, dass sie die Einkommen verdienten, die sie sich wünschten. Doch nach einer Weile wurde klar, dass unsere Gesellschaft nicht reif genug war, um so hohe Zahlen aufzunehmen und das potenzielle Wachstum, das folgen würde, zu verkraften. Im Laufe von sechs Monaten verflüchtigten sich die meisten dieser Leute.

Im dritten Jahr hatte ich mein Team auf 20.000 Menschen aufgebaut, als unsere Gesellschaft beschloss, ihren Namen zu ändern und alle bat, neue Vertriebspartnerverträge zu unterzeichnen. Oje! Mein Team ging über Nacht von 20.000 auf 10.000 zurück. Zugegeben,

10.000 Vertriebspartner sind immer noch eine ganze Menge. Ich hatte mir so viele von einem Team erhalten, weil ich mein Geschäft hartnäckig zweimal von Grund auf wieder aufgebaut hatte.

Ich erzähle Ihnen diese Geschichte nicht, um mich als „armes Opfer" darzustellen. Ich möchte damit zeigen, dass ich schon damals, wenngleich unbewusst, die Prinzipien in diesem Buch angewendet habe: Ich hatte eine feste Entscheidung getroffen, Glauben um sie herum aufgebaut und hielt egal unter welchen Umständen meine ursprüngliche Vision leidenschaftlich aufrecht. Diese Grundsätze und mein brennender Wunsch führten mich durch außergewöhnliche Ereignisse, die erschreckend und furchteinflößend waren.

Ich hatte den Entschluss, mein eigenes Unternehmen zu gründen, als schicksalhaft angesehen. Mein Ziel war es, meinen Kindern ein besseres Leben zu geben. Die ganze Zeit verfolgte ich es mit solcher Inbrunst und mein Auge war so fixiert auf meine Vision davon, dass ich diese sonderbaren Ereignisse als bloße Lichtpunkte auf meinem Radarschirm sah. Sie hielten mich keinen Augenblick davon ab, mir zu holen, was ich wollte. Aber als dann die dritte Krise zuschlug, war ich erschöpft. Also nahm ich mir zwei Jahre frei, um mein viertes Kind zu bekommen, und nutzte jene Zeit, um zu sehen, ob der Traum vom passiven Einkommen bestehen bleiben würde.

Der greifbare Beweis, dass sich meine aufrecht erhaltene Vision gelohnt hatte, zeigte sich während diesem zweijährigen „Ruhestand" in einem konsequent fünfstelligen Monatseinkommen. Und als ich zurückkehrte, verdoppelte ich mein Volumen in einem Jahr und bald wurde ich der erste Crown Diamond des Unternehmens.

Also fordere ich Sie auf, mit dem Rückspiegeldenken aufzuhören. Es ist klar, dass wir alle das Ergebnis unserer jeweiligen gestrigen

Entscheidungen sind. Mit Rückspiegeldenken erlauben Sie den unerwünschten Ergebnissen von gestern, ihnen vorzuschreiben, wie Sie sich fühlen, wie Sie denken und auch wie Sie heute, morgen und übermorgen handeln werden. Aber es ist nirgends gesagt, dass es so sein muss. Sie müssen nicht vergangenen oder gegenwärtigen Umständen erlauben, Ihre Vision dessen, was Sie sein, tun und haben können, zu verdecken.

> *„Schaffen Sie Ihre Zukunft aus Ihrer Zukunft, nicht aus Ihrer Vergangenheit."*
>
> *- Werner Erhard*

Wichtig zu wissen ist auch, dass Sie nicht nur die Freiheit, sondern bereits auch die Fähigkeit haben, eine neue Vision zu wählen, neue Handlungen zu setzen und buchstäblich in allen Bereichen Ihres Lebens eine neue Realität zu schaffen. Die Kunst besteht nun darin, die Fähigkeit zu meistern, diese Vision unabhängig von heutigen Umständen aufrecht zu erhalten. Hier kommt die Visualisierung ins Spiel.

VISUALISIERUNG

Kurz gesagt, ist Visualisierung der Vorgang des Erstellens positiver geistiger Bilder von etwas, von dem Sie sich wünschen, dass es in Zukunft geschehen soll, und Sie verstärken das Bild bis zum Äußersten, indem Sie sich vorstellen, dass diese Vision sich bereits ereignet hat. Sie empfinden das Gefühl, dass Sie es genau jetzt in jedem Detail immer und immer wieder erleben. Sie überbrücken die Lücke zwischen dem, wo Sie jetzt sind und wo Sie sein wollen. Die Brücke besteht aus starken emotionalen Verbindungen, die der Visualisierungsprozess zwischen Ihrem Verstand und Ihrem Herz aufbaut; zwischen Ihnen und Ihren Wünschen.

Wenn Sie Ihr Endziel klar sehen, können Sie tun, was die meisten erfolgreiche Menschen tun:

> *„Beginne mit dem Ziel vor Augen."*
>
> *- Stephen R. Covey*

Wie bereits erwähnt, hilft Ihnen die Vision bei der Planung. Wenn Sie mit dem Ziel vor Augen beginnen, können Sie vom Ziel ausgehend rückwärts planen, ebenso wie der Profi-Golfer auf sein Ziel sieht (das Loch, auf das er zielt) und seinen Schuss entsprechend plant. Er macht auch eine Zeitblende nach vorne und „sieht" sich, wie er tatsächlich ins Loch trifft. Also beginnen Sie mit dem Ziel vor Augen. Machen Sie es sich zur Gewohnheit.

Der österreichische Neurologe/Psychiater und Holocaust-Überlebende Viktor Frankl wurde während des zweiten Weltkrieges von den Nazis in verschiedenen Konzentrationslagern inhaftiert. Er nutze die Visualisierung, um die schrecklichen Bedingungen und das Leid zu ertragen. Dies ist eine seiner vielen Visionen:

> *„Ich sah mich auf einer Rednerbühne in einem hell beleuchteten, warmen und schön eingerichteten*

> *Vortragsraum stehen. Vor mir saß ein aufmerksames Publikum auf bequemen gepolsterten Sitzen. Ich gab einen Vortrag über die Psychologie der Konzentrationslager."*
>
> *-Viktor Frankl*

Er schrieb über die gemeinsamen Merkmale, die ein Mensch besitzen muss, um zu überleben, statt zugrunde zu gehen. Er wies darauf hin, wie sehr eine positive Vision von der Zukunft den Menschen hilft, Unannehmlichkeiten, Schmerzen und Leiden zu ertragen.

Also, denke ich, bietet sich die Frage an: „Worauf freuen Sie sich? Was befindet sich vor Ihnen am Horizont, das Sie mit ungeheurer Kraft anzieht?" Wenn ein Mensch keine kraftvolle Vision von etwas hat, das ihn begeistert – wenn er keine Pläne für die Zukunft hat oder einen Traum, der ihn durchs Leben begleitet – kann er leicht in eine Abwärtsspirale geraten und innerlich langsam sterben.

> *„Das Einzige, was schlimmer ist als blind zu sein, ist, Sehvermögen zu haben, aber keine Vision."*
>
> *- Helen Keller*

Somit kann man sagen, dass Visualisierung genutzt werden kann, um eine Vision zu stärken und zu erhalten. Aber für viele Menschen ist es unendlich mehr als nur das. Für viele ist es genau das, was ihre Träume wahr werden lässt. Beweise dafür gibt es überall. Und es kann auch bei Ihnen funktionieren!

„Wir alle besitzen mehr Macht und mehr Fähigkeiten, als uns klar ist, und die Visualisierung ist eine der wirksamsten unter diesen Fähigkeiten."

– Genevieve Behrend

Ihr nächster Schritt im bewussten kreativen Prozess besteht also nun darin, diese natürliche Fähigkeit zu verstärken:

- Erstellen Sie ein kristallklares Bild von dem, was Sie wollen.
- Sehen Sie es so, als würde es Ihnen bereits gehören.
- Sehen Sie sich selbst, wie Sie es in jedem Detail genießen.
- Betrachten Sie es mit der Gewissheit, dass es eines Tages Wirklichkeit werden wird.

„Mir ist klar, dass die dominierenden Gedanken in meinem Kopf sich schließlich nach außen hin in Form einer körperlichen Aktion reproduzieren und sich allmählich in die physische Realität verwandeln werden ..."

– Napoleon Hill

Ich habe schon mehrere Erfahrungen gemacht, die mir die Macht der Schaffung einer persönlichen Vision und ihrer Erhaltung bis hin zu ihrer Realisierung gezeigt haben. Dazu gehörte eine tolle Reise um die Welt mit meinen vier Kindern.

Während mehrerer Geschäftsreisen nach Malaysia hatte ich mich in alles in diesem Land verliebt: die Kultur, das Essen, die Einzigartigkeit jeder Region. Und ich hatte enge Beziehungen mit Menschen geknüpft, die wie eine Familie für mich wurden. Ich wollte, dass meine Kinder all das auch erleben konnten.

Bei einem Rückflug nach Hause saß ich neben einer Flugbegleiterin, die gerade eine Rundreise durch Thailand gemacht hatte. Sie war noch so aufgeregt, dass sie mir ihre Bilder aus Bangkok und Chiang Mai zeigte. Als ich die Bilder sah, wie sie auf einem Elefanten ritt, dachte ich mir nur: Eines Tages werden das meine Kinder tun. Ich prägte meinem Gehirn Bilder davon ein, wie ich und meine Kinder auf diesen Elefanten ritten.

Auf einigen dieser Geschäftsreisen flog ich in der Business Class mit der großartigen Fluggesellschaft Singapore Airlines. Die Gourmet-Mahlzeiten und der ausgezeichnete Service gehen über jede Beschreibung hinaus. Unvergleichlich. Ich wollte, dass meine Kinder auch das erlebten. Und ich prägte diese Vision in mein Gehirn ein. (Wie Bob Proctor in seinen Erfolgsseminaren sagt, am besten sitzt man am Rücksitz des Autos und ganz vorne im Flugzeug!)

Jahre später erfuhr ich von einem Flug-Paket, mit dem man zu einem festen Preis rund um die Welt fliegen konnte, solange man keine 25.000 Meilen überschritt. Ich wusste schon ganz genau, wo wir hinreisen wollten, denn ich hatte die Bilder immer und immer wieder in meinem Kopf gesehen. Also legte ich es von Punkt zu Punkt fest: Tokio, Kuala Lumpur, Penang, Singapur, Sentosa, Thailand, Bangkok, Chiang Mai, dann rund um die Erdkugel nach Großbritannien und dann nach Hause. Dies kam auf insgesamt 24.870 Meilen. Noch näher ans Limit ging es nicht. Und ja, wir würden mit Singapore Airlines fliegen, vorne im Flugzeug, erster Klasse.

Wir hatten eine wundervolle Zeit. In Malaysia lernten meine Kinder die Freunde kennen, die für mich praktisch zur Familie gehörten. Und oh, das Essen! Die Mahlzeiten, die sie endlich essen konnten. Laksa, Nasi Lemak und Eis-Kuching, das ist ein eisiges Dessert, das so lecker schmeckt wie es schön aussieht. Das Aufregendste überhaupt war Bak Kut Teh in der Stadt Klang, wo es besser ist als an jedem anderen Ort. Bak Kut The bedeutet „Schweinefleischknochentee". Es ist ein wunderbar gewürztes Fleisch und Knoblauch, das man als Eintopf mit einer reichen, dicken Sauce zum Frühstück isst.

Meine Kinder sahen während unserer Reise alle Sehenswürdigkeiten und Kostproben von dem Reichtum all der wunderbaren Kulturen, aber das größte Erlebnis von allen war, als wir tatsächlich auf den Elefanten durch die Nebel jenes wunderschönen üppigen grünen Dschungels in Chiang Mai ritten. Es fiel mir wie Schuppen von den Augen, dass ich genau diese Szene hundertmal in meinem Kopf gesehen hatte, bevor sie sich ereignet hat. Ich hatte nie aufgehört, mir das vorzustellen. Und nun waren alle Teile auf ganz natürliche Weise zu einem großartigen Erlebnis zusammengekommen. Begonnen hatte es mit getrennten Bildern in meinem Kopf – Bilder, die wie Samen an unterschiedlichen Orten gesät worden waren, aber die gekeimt und aufgeblüht waren und in der Wirklichkeit einen wunderschön gestalteten Garten bildeten.

Ich kann diese Erfahrung nur mit der besten Geschichte vergleichen, die ich je über ein beliebtes Hilfsmittel zur Visualisierung gehört habe.

Das Vision-Board

Ein Vision-Board ist einfach eine Pinnwand oder ein schlichter Pappdeckel, den Sie mit Bildern, Zeitungsausschnitten und ähnlichen Darstellungen von Dingen füllen, die Sie sich wünschen. Sie hängen es an eine Wand, wo Sie es möglichst oft sehen werden.

Der Schriftsteller, Lehrer und Unternehmensberater John Assaraf erstellte im Laufe der Jahre mehrere Vision Boards und als er eines Tages nach Kalifornien umzog, packte er sie alle in Kisten. Jene Kisten blieben wochenlang nach dem Umzug unausgepackt.

Eines Tages fragte ihn sein fünfjähriger Sohn, was in der Kiste sei. Assaraf eröffnete eine und zog einige Bilder von Dingen heraus, die er seither erworben hatte. Er erklärte, was ein Vision Board ist und wie es funktioniert. Er öffnete eine weitere Kiste und was er dort fand, trieb ihm Tränen in seine Augen. Er war wie von einem Blitz getroffen. Es war ein Bild des Hauses, das er gerade gekauft hatte und in das sie eingezogen waren! Kein ähnliches Haus. Das Haus. Er hatte ein Foto davon vier Jahre zuvor aus der Zeitschrift Dream Homes ausgeschnitten! Er sagte, die Visualisierung hätte die ganze Zeit über gearbeitet und hätte ihm jetzt das Haus gebracht. Er war erstaunt, dass er das Traumhaus von seinem Vision Board gekauft hatte, ohne es zu wissen.

Ich mag Vision-Boards, weil man Sie jederzeit betrachten kann, egal, ob in einem bewussten Prozess der Visualisierung oder ob sie einem im Vorbeigehen ins Auge fallen. Dadurch können sich ihre Inhalte unauslöschlich in Ihren Geist einprägen.

Ich habe mein erstes Vision-Board als Aufgabe bei einem Seminar erstellt. Wir alle kauften uns mehrere Zeitschriften, schnitten

Abbildung von Dingen aus, die wir gern haben wollten, und brachten sie auf unseren Tafeln an. Ich fühlte mich wie ein Kind, das eine Wunschliste für Weihnachten schreibt. Es machte Spaß, Bilder zu finden, die wirklich glasklar die Dinge darstellten, die ich wollte.

Ich mag Reisen und Abenteuer, also nahm ich Bilder von Ägypten und den Pyramiden und nun raten Sie mal – wir reisten schließlich dorthin. In der Tat habe ich bis zum heutigen Tag noch nie ein Bild von einer Reise oder einem Abenteuer auf ein Vision-Board geklebt, die ich letztlich nicht wirklich erlebt hätte.

Ich fügte Bilder aus der Natur hinzu. Und Bilder einer meditierenden Frau. Und Bilder von glücklichen Familien, die lachten und sich vergnügten – mit Wandern, Bootsfahrten, gutes Essen und Wein und die schöne Umgebung genießen. Ich fügte Bilder von Liebe und Romantik hinzu. Ich fügte einzelne Wörter wie Inspiration, innere Ruhe, Freude, Einheit, Liebe, Frieden und Lachen hinzu. Und ich habe das alles erlebt.

Ich erfasste jeden Bereich meines Lebens und alle meine Wünsche auf jenem Vision-Board. Es war ein tolles Erlebnis und es gab mir etwas Greifbares zum Betrachten.

Dennoch ist ein Vision-Board nur mit statischen Bildern gefüllt. Sie müssen zusätzlich auch einen Film in Ihrem Geist erschaffen, den Sie überall mit sich tragen können, wohin Sie auch gehen, und in dem diese Bilder zum Singen und Tanzen gebracht werden.

Der Ein-Minuten-Film

Ein Kollege von mir, Richard Brooke, schlug vor einiger Zeit den Ein-Minuten-Film vor. Das ist eine sehr wichtige Visualisierungshilfe, denn wenn Sie Ihren geistigen Bildern Bewegung hinzufügen, hilft es Ihnen, Ihre Vision aufrechtzuerhalten. Die Idee dabei ist, Ihren Film so zu entwerfen, dass Sie nicht nur Ihre geistigen Bilder in Bewegung sehen, sondern Sie auch all das hören, fühlen, riechen und schmecken, was Ihre Sinne in Wirklichkeit einbinden würde. Auf diese Weise wird Ihre Vision vor Ihrem geistigen Auge in allen Einzelheiten lebendig. Das werden Sie aufregend finden und es wird Gefühle in Ihnen wecken. Damit können Sie Ihre Vision für immer lebendig erhalten.

Beispiel für die Gestaltung eines Ein-Minuten-Films

Denken Sie daran, dass Sie einen Film über alles machen wollen, was Sie sein, tun oder haben wollen. Da ich unheimlich gern esse, werde ich den Grad der Einzeldetails, von dem ich spreche, am Beispiel von zwei Personen illustrieren, die freudig in einem luxuriösen Restaurant zu Abend essen. Nehmen wir an, dass Sie ein solches Bild auf Ihrem Vision-Board angebracht haben. Jetzt wollen wir es zum Leben erwecken.

Stellen Sie sich vor, wie Sie selbst todschick zurechtgemacht dieses feine Restaurant betreten. Die Gastgeberin heißt Sie herzlich willkommen. Sie danken ihr und sagen, dass Sie noch jemanden erwarten, und fragen sie, ob sie einen Tisch für zwei Personen hat.

Während sie Sie zum Tisch führt, nehmen Sie das gesamte Ambiente in sich auf: die Hintergrundmusik, die weiche und schmeichelnde Beleuchtung, die exquisite Ausstattung und alles Zubehör, die perfekt gedeckten Tische, die Stimmen der Gäste, die exquisite Aussicht nach draußen und die wunderbaren Düfte, die aus der Küche kommen. Sie fühlen einen Anflug von Hunger in Erwartung eines fabelhaften Festmahls, während Sie durch den schönen Raum gehen.

Der Tisch ist genau das, was Sie sich erhofft hatten: ruhig, privat, mit herrlichem Blick über die Stadt, die funkelt wie Diamanten in der Nacht, ein voller gelber aufgehender Mond. Sie lassen sich in den luxuriösen, dick gepolsterten Sessel fallen. Sie atmen tief durch und entspannen sich in dem herrlichen Komfort, der Sie umgibt.

Ihre Augen streifen über die elegante Einrichtung des Raumes und bleiben an einer einzelnen roten Rose in einer Langhalsvase haften. Sie reichen nach der Vase, ziehen sie zu sich und atmen den Duft der Blume ein. Sie schieben die Vase genau an denselben Platz zurück, wo Sie sie gefunden haben.

Bald kommt Ihr Freund an und setzt sich hin. Sie beginnen, einander zu erzählen, wie der Tag verlaufen ist. Ein adrett gekleideter Kellner tritt heran und gießt klirrendes Eiswasser in Ihre Gläser. Sie nehmen die Speisekarte zur Hand. Als Sie die Speisekarte öffnen, fühlen Ihre Finger die luxuriöse Weichheit ihres zarten Ledereinbands und die Beschaffenheit der Seiten darin. Ihr Kellner kommt wieder und Sie und Ihr Freund geben Ihre Bestellungen auf. Sie beide klappen Ihre Speisekarten zu und geben sie ihm zurück. Er klemmt sie unter den Arm und geht in die Küche. Und so geht es weiter durch Ihre Interaktionen mit dem Kellner und Ihrem Freund, den Genuss der köstlichen Speisen und der freudigen Bezahlung der Rechnung, der Sie ein großzügiges Trinkgeld hinzufügen. Sie verstehen sicher, was ich meine.

Sie sollten also nicht nur an Ihre Vision „denken". Sie müssen sie buchstäblich in jeder Hinsicht spüren. Seien Sie so klar, präzise und detailliert wie möglich. Und denken Sie daran: Ihr Film muss als Happy End die Szene haben, in der Sie Ihr Ziel bereits erreicht haben und es feiern.

Spielen Sie Ihren einminütigen Film hundertmal am Tag, wenn Sie möchten. Und jedes Mal, wenn Sie sich ihn ansehen, wird Ihr Unterbewusstsein nicht wissen, ob die sich entwickelnden Ereignisse jetzt tatsächlich geschehen sind oder nicht. So funktioniert das.

Erkennen Sie die Macht, die Sie haben, um potenziell Ihre Träume in die Realität umzusetzen?

> *„Nichts kann verhindern, dass Ihr Bild eine konkrete Form annimmt, außer der gleichen Macht, die es erschaffen hat: Sie selbst."*
>
> *– Genevieve Behrend*

IHRE VISION IST ZWINGEND ERFORDERLICH

Eine bekannte Bibelstelle lautet: „Wo keine Visionen sind, gehen die Menschen zugrunde." Jeder von uns kann das selbst nachvollziehen. Eine Vision ist zwingend erforderlich. Das war so seit der Entstehung des menschlichen Gehirns. Sie ist der Samen jedes menschlichen

Erfolgs. Sie allein bringt Veränderung und Fortschritt. Sie ist die Wegbegleiterin der Hoffnung. Und sie zwingt uns, mehr in uns selbst zu gehen.

Vision ist Ihr Gebot, wenn Sie weiterkommen möchten. Und wie schön es ist, dass Sie bereits diese herrliche, wenngleich bisher ungenügend genutzte Gabe besitzen! Wenn ich sage „Da sitzt ein Gorilla in Ihrem Wohnzimmer", was denken Sie? An einen Gorilla in Ihrem Wohnzimmer? Natürlich! Das geschieht automatisch und sofort. Und wenn ich sage „Da ist ein leuchtend rosaroter Gorilla in Ihrem Wohnzimmer", sehen Sie einen leuchtend rosaroten Gorilla? Ja natürlich. Und wenn ich sage „Der leuchtend rosarote Gorilla trägt rote Pantoffeln", was sehen Sie? Natürlich. Sie haben gerade das ganze Bild gemalt. Unterschätzen Sie also nicht Ihre Fähigkeit, auch große Dinge zu sehen!

Nun stellen Sie sich vor, dass Ihre Zukunft ein völlig leeres Blatt ist. Ganz gleich, welche Aufgabe zu bewältigen ist, Sie haben eine komplett leere Leinwand vor sich, auf der Sie jetzt malen können! Was sollen Sie malen? Nach oben sind keine Grenzen gesetzt! Aber die Herausforderung dabei ist, sicherzustellen, dass Ihre Vision nicht von Ihrer aktuellen Situation beeinflusst wird – es sei denn, Sie wollen nichts verändern!

Wie Sie sich selbst sehen, so werden Sie werden. Welche Vision Sie auch immer von sich selbst haben, Sie wird Ihnen alle Ehre tun. Sie haben eine Vision von sich selbst, die sich auf Ihre Arbeit bezieht. Sie haben eine Vision von sich selbst, die bestimmt, wie Sie mit anderen Menschen umgehen, und das wird sich auf Ihr Erfolgsniveau in der Außenwelt auswirken. Sie haben eine Vision von sich selbst in Ihrer

Beziehung zu Ihrem Lebensgefährten, zu Ihren Kindern, zu Ihrem Bankkonto, zu Ihrer Gesundheit – und jede einzelne Vision, die Sie für sich selbst aufrecht erhalten, wird zu einem bestimmten Ergebnis führen. Warum sollten Sie sie nicht verbessern? Warum machen Sie sie nicht größer und unternehmen die Schritte, die notwendig sind, um sie Wirklichkeit werden zu lassen?

Wenn Sie es nicht schaffen, Ihr Ziel fortlaufend zu sehen, werden Sie es nicht erreichen können. Der erste Schritt in die Zukunft, die Sie sich wünschen, besteht also darin, Ihre Fähigkeit zu entwickeln, sie klar vor Ihren Augen zu sehen, und der zweite Schritt besteht darin, Ihre Vision durch tägliche Visualisierung aufrecht zu erhalten. Die folgenden Übungen werden Ihnen den Einstieg erleichtern.

ÜBUNGEN ZUR SCHAFFUNG EINER ÜBERZEUGENDEN VISION

Nach den Übungen, die Sie in den beiden vorangegangenen Kapiteln abgeschlossen haben, sollten Sie so weit sein, dass Sie ein bestimmtes Ziel gewählt und begonnen haben, Ihren Glauben daran aufzubauen. Jetzt müssen Sie Ihre herrliche, angeborene, grenzenlose Fähigkeit nutzen, kraftvolle geistige Bilder zu erstellen und sie mit absoluter Klarheit und in allen Einzelheiten in eine überzeugende Vision Ihres Zieles umzusetzen.

ÜBUNGEN 3-1 BIS 3-3

EINLEITUNG

Wir wollen mehr Dichte um das herum schaffen, was Sie sich wünschen. Dieses ganze Buch beschäftigt sich mit dem kreativen Prozess; damit, wie Sie das schwache Flüstern einer Idee bis zu ihrer Manifestation als physische Realität führen, indem Sie ihr bei jedem Schritt mehr Dichte und Substanz verleihen. Sie müssen der Sache jetzt mehr Charakter verleihen. Schließen Sie dazu Ihre Augen und stellen Sie sich ganz genau vor, was Sie wollen, und ganz genau, wie es sein wird, wenn Sie es bekommen haben.

Zum Aufwärmen denken Sie an eine Zeit, als sich Ihnen eine herausfordernde, mit Risiko behaftete Gelegenheit geboten hat, die eine unaufhaltsame Leidenschaft in Ihnen entzündete. Zum Beispiel: das Eingehen einer neuen Beziehung, die Annahme eines wichtigen neuen Arbeitsprojekts, Gründung eines neuen Unternehmens, sich selbst bei irgendeinem waghalsigen Sport auf die Probe stellen – was auch immer. Das Einzige, worauf ich damit hinweisen will, ist, dass dieses Erlebnis in Ihnen große, weitläufige Visionen entstehen ließ, nicht wahr? Neue Hoffnung. Eine Flut von Inspiration. Und bei jeder dieser Visionen gab es ein zukünftiges Ergebnis, das Sie sich erhofften. Denken Sie an diese Zeit. Erinnern Sie sich daran, wie Sie sich dabei gefühlt haben. Da war eine Lawine von Visionen. Es war ein überragendes Gefühl, nicht wahr?

Hatten Sie das Gefühl, als würden Sie buchstäblich angewiesen, die Latte höher zu setzen? War da ein Appell an Sie, das Beste aus sich zu machen, damit Sie mehr sein, tun und haben konnten? Und in jenem Moment, als Sie eine klare Vision hatten, eine große Vision, eine unaufhaltsame Vision – welche Dinge sagten Sie da zu sich selbst? Können Sie sich daran erinnern? Wie verlief Ihr innerer Dialog? War da etwas wie: „Oh mein Gott, das kann ich nicht tun“ und „Das ist zu viel für mich“? Ich wage zu behaupten, dass Sie eher wirklich positive Dinge zu sich sagten. Genau das ist die geistige Verfassung, die Sie jetzt erreichen müssen, damit Sie Ihr aktuelles Ziel vor Ihren geistigen Augen sehen. Hier geht es los.

ÜBUNG 3-1
Sich etwas vorstellen

Ich finde, es ist gut, Ihren Tag in kreativer Stille zu beginnen und zu beenden, in der Sie die Visualisierung, vielleicht etwas Meditation und einige Affirmationen praktizieren. Sie können dabei Ihr Vision-Board oder einen Ihrer Ein-Minuten-Filme als unterstützende Visualisierungshilfsmittel nutzen. Und Sie können sich von den Sorgen des Tages in die schöne, herrliche Vision versetzen, die Sie selbst in nur wenigen Minuten für sich geschaffen haben. Ihr Unterbewusstsein wird nicht wissen, ob Ihre Visionen wirklich real sind. Doch es wird mechanisch Ihren Anweisungen folgen. Dies ist der naturgegebene mysteriöse, unerklärliche Prozess, durch den sich Träume letztendlich in die Realität umwandeln.

Also beginnen wir jetzt damit.

- Schaffen Sie zunächst das ideale Umfeld für die Visualisierung. Finden Sie einen bequemen Platz ohne jegliche Ablenkungen. Nehmen Sie eine bequeme Körperhaltung ein. Schließen Sie Ihre Augen und suchen Sie Körper nach Verspannungen ab. Beginnen Sie am Oberkopf. Entspannen Sie Ihr Kiefer und lassen Sie Ihre Schultern locker nach unten fallen. Dann suchen Sie den Rest Ihres Körpers ab.
- Beruhigen Sie sich, entspannen Sie sich und erzwingen Sie nichts. Konzentrieren Sie sich auf Ihren Atem und nehmen Sie wahr, wie sich Brust und Bauch heben und senken, wenn Sie einatmen und ausatmen. Halten Sie an der obersten und untersten Stelle jedes Atemzugs kurz an, um Ihren Fokus zu erhöhen. Wenn ein ablenkender Gedanke aufkommt, lassen Sie sanft wieder los und geben Sie Ihre volle Aufmerksamkeit wieder Ihrem Atem.
- Wenn Sie völlig entspannt sind, beginnen Sie, sich etwas vorzustellen. Wählen Sie, was auch immer Sie während dieser Sitzung sehen wollen - von Ihren skurrilsten Wünschen bis hin zu Ihren tiefsten, am meisten geschätzten, unausgesprochenen Sehnsüchten.

Was wollen Sie denn in Ihr Leben bringen? Ein neues oder renoviertes Haus? Ein neues Auto? Eine neue oder eine gestärkte Beziehung? Einen Traumurlaub? Ein Abenteuer? Einen sportlichen Sieg? Eine kreative Leistung? Eine schlankere Figur? Bessere

Gesundheit? Mehr Selbstvertrauen? Die Fähigkeit, effektiv mit einer Herausforderung zu Hause oder am Arbeitsplatz umzugehen? Das Erreichen eines geschäftlichen Ziels? Mehr Geld? Totale finanzielle Freiheit? Ein Leben in unendlicher Fülle?

Was auch immer es ist, denken Sie kühn! Denken Sie großzügig! Doch denken Sie es nicht nur. Fühlen Sie es. Finden Sie es. Und sehen Sie es ganz groß.

Stellen Sie sich diese Fragen und beantworten Sie sie alle.

- Wie fühlt es sich an?
- Wie sieht es aus?
- Welche Geräusche höre ich?
- Welche Kleidung trage ich?
- Wo geschieht es?
- Wie läuft der Tag (oder die Nacht) ab?
- Wer ist anwesend und was sind diese Leute zu mir?
- Spielen Sie die ganze Szene in Ihrem brillanten, kreativen, phantasievollen Geist durch. Legen Sie einfach los und spielen Sie es durch.
- Nun öffnen Sie Ihre Augen und schreiben Sie alles auf, was Sie sich vorgestellt haben. Geben Sie gleich hier eine detaillierte Beschreibung, die alle Ihre Sinne einbezieht.

Was ich mir gerade vorgestellt habe:

ÜBUNG 3-2
Affirmieren

Schreiben Sie eine positive Erklärung im Präsens über das, was Sie sein, tun und haben wollen. Hier ist ein Beispiel für etwas, das die meisten Menschen mehr fürchten als den Tod:
„Ich bin so glücklich und dankbar, dass ich jetzt eine gute Rednerin bin. Ich teile meine Erfahrung und Weisheit mit einem interessierten, reagierenden Publikum. Ich habe Selbstbewusstsein, Klarheit und ein sicheres Auftreten."

Beachten Sie das Sein, Tun und Haben im obigen Beispiel. Jetzt bekräftigen Sie Ihr Sein, Tun und Haben kristallklar hier:

____

____

____

____

____

ÜBUNG 3-3
Erstellen Sie ein Vision-Board und einen Ein-Minuten-Film

(Hinweis: Sie können auch eine Diapräsentation Ihres Vision-Boards in PowerPoint erstellen.)

Für das Vision-Board:

- Nehmen Sie ein großes Stück Pappe oder eine gerahmte Pinnwand, wie man sie in Fachgeschäften für Bürobedarf kaufen kann.
- Besorgen Sie sich fünf oder sechs verschiedene Zeitschriften, die im Zusammenhang mit verschiedenen Bereichen Ihres Lebens stehen, in denen Sie gern mehr Fülle möchten.
- Schneiden Sie die Bilder aus, die symbolisieren, was Sie sein, tun und haben wollen.
- Setzen Sie eventuell ein Foto von sich selbst in die Mitte.
- Befestigen Sie die Bilder auf der Tafel und hängen Sie sie irgendwo auf, wo Sie sie regelmäßig sehen werden.
- Befestigen Sie eine Kopie der Affirmation, die Sie gerade aufgeschrieben haben, auf dem Brett.
- Fügen Sie einige einzelne Worte hinzu, die in Ihrem Kopf befriedigende Bilder und starke Gefühle aufkommen lassen (Beispiele: Gelassenheit, Freude, Spaß, Lachen, Freiheit, Freizeit, authentisch, feiern).

- Fügen Sie einige relevante inspirierende Zitate hinzu, wenn Sie möchten.
- Machen Sie es sich zur Gewohnheit, Ihre Aufmerksamkeit täglich für mindestens 10 bis 15 Minuten auf das Board zu richten. Tauchen Sie beim Blick auf das Board tief in Ihre Vision ein, bis Sie sie in Ihrem Herzen spüren.
- Idee für eine übergreifendes Jahresthema: Wenn Sie im Januar über das vergangene Jahr und das vor Ihnen liegende Jahr nachdenken, ziehen Sie es in Betracht, auf Ihrem Vision-Board eine einzelne Aktivität der Verfolgung Ihrer Ziele zuweisen. Wenn das letzte Jahr zum Beispiel dem „Aufbau eines Fundaments" gewidmet war, könnte das neue Jahresthema „Aktion" heißen. Oder, wenn der letztjährige Fokus auf „Aktion" lag, könnte Ihr Motto für das kommende Jahr z. B. „kühnes und konsequentes Handeln" oder „Expansion" oder „Gleichgewicht" oder „da sein", „achtsam sein" oder ähnlich lauten.

Für Ihren Ein-Minuten-Film

- Erstellen Sie einen Film für jeden Bereich Ihres Lebens mit der gründlichsten, ausführlichsten Liebe zum Detail, die Sie zustande bringen. Durch die Beantwortung der Fragen zu „Sein, Tun und Haben" für die sieben Bereiche des Lebens, die ich in Kapitel 1 angeführt habe, haben Sie bereits eine Liste von Themen für Ihre Filme erstellt.

- Mit der Durchführung der Übungen 3-1 und 3-2 haben Sie bereits die Umrisse für ein Skript erstellt.
- Nun bringen Sie Ihr Skript zum Leben, indem Sie ihm den Grad an Detailliertheit hinzufügen, wie Sie es an meinem Restaurant-Beispiel sehen können.
- Spielen Sie Ihren Film jeden Tag so oft ab, wie Sie können. Sie können ihn überall hin mitnehmen!

Und vergessen Sie nicht:

> *„Sie haben nur die Kontrolle über drei Dinge in Ihrem Leben - die Gedanken, die Sie denken, die Bilder, die Sie visualisieren, und die Handlungen, die Sie setzen (Ihr Verhalten). Wie Sie diese drei Dinge nutzen, bestimmt alles, was Sie erleben. Wenn Ihnen nicht gefällt, was Sie zurzeit produzieren und erleben, müssen Sie Ihr Verhalten ändern."*
>
> *- Jack Canfield*

KAPITEL 4

Schritt 4: Denken Sie es, sprechen Sie es aus, affirmieren Sie es, bis es Wirklichkeit wird

„Jeder Mensch ist ein Künstler. Der Traum Ihres Lebens ist es, schöne Kunstwerke zu schaffen."

– Don Miguel Ruiz

Alle Schritte in diesem Buch sind dazu da, Ihnen dabei zu helfen, Ihre Kraft zu entfesseln, damit Sie bewusst Ihr allerschönstes Kunstwerk schaffen: die Person, die Sie sein wollen, damit Sie das Leben Ihrer Träume führen können.

Die Macht dazu liegt bereits in Ihrem wunderbaren Geist und warten nur darauf, dass Sie sie richtig anwenden. Sie wenden sie natürlich schon jetzt in jeder Sekunde Ihres Lebens an, denn sie besteht aus Ihren Gedanken, Ihren Worten und dem, was Sie daraus machen. Doch jetzt stellt sich die Frage: Wie wenden Sie diese Macht an? Was genau denken Sie, welche Worte wählen Sie, und unterstützen diese Worte und Gedanken Ihre wertvollsten und stärksten Wünsche?

„Sie müssen sich in Gedanken schon als die Person sehen, die Sie werden wollen.“

– David Viscott

Der Gedanke ist der Geburtsort der Kreativität. Es gibt also keinen Augenblick, in dem Sie nicht schöpferisch tätig werden. Ihre Gedanken bestimmen Ihre Gefühle. Ihre Gefühle bestimmen Ihre Verhaltensweisen, Worte und Taten. Und Ihre Verhaltensweisen, Worte und Taten bestimmen Ihre Ergebnisse, ob sie gut oder schlecht sind. Das Wichtigste ist, dass die anhaltend dominierenden Gedanken und das unaufhörliche innere Geplapper – sei es positiv oder negativ – sich in Ihrer Realität zeigen wird, wenn Sie dieselben Aussagen nur oft genug wiederholen. Sie haben Ihre persönlichen Umstände von heute in hohem Maße selbst geschaffen. Sie werden Ihre Umstände von morgen schaffen. So mächtig sind sie.

„Würden wir die Kraft unserer Gedanken verstehen, würden wir sorgsamer über sie wachen. Würden wir die geniale Macht unserer Worte verstehen, würden wir fast jeder negativen Aussage das Schweigen vorziehen. Mit unseren Gedanken und Worten schaffen wir unsere eigenen Schwächen und Stärken. Unsere Grenzen und Freuden beginnen in unseren Herzen. Wir können Negatives immer durch Positives ersetzen.“

– Bettie Eadie

Dieses Kapitel beschäftigt sich demnach mit dem Missbrauch und der richtigen Anwendung dieser angeborenen und unendlichen Macht. Ich werde das Problem erläutern und Sie dazu bringen, ein gesundes Denken und die sprachlichen Lösungen zu entwickeln, die Ihnen helfen können, die gewünschten Umstände zu schaffen. Sie haben mittlerweile die Grundlagen dafür gelernt: definieren, was Sie sein, tun und haben wollen; die Entscheidung treffen, es sich zu holen; den Glauben aufbauen, dass Sie es schaffen können; und sich vorstellen, dass Sie es besitzen. Jetzt kommt der Prozess, mit dem Sie es in die Existenz denken, sprechen und bekräftigen. Nehmen wir eines nach dem anderen durch.

GEDANKEN: WAS DENKEN SIE?

Wussten Sie, dass denkende Menschen im Durchschnitt 14.000 Gedanken pro Tag haben? Das summiert sich in einem 80-jährigen Leben auf mehr als 400 Millionen Gedanken – jede Menge Material, mit dem man arbeiten kann, um sein Schicksal zu gestalten.

Leider ist das alles nicht so einfach. Vielleicht sind deshalb viele unserer 14.000 Gedanken pro Tag nur Wiederholungen dessen, was wir gestern, letzte Woche, im letzten Jahr oder, was noch schlimmer ist, im letzten Jahrzehnt gedacht haben – und diese Gedanken gehen wir immer wieder erneut durch. Einige davon sind Gedanken, die wir von anderen Personen übernommen haben. Es sind also nicht einmal unsere eigenen Gedanken. Wir haben sie nur übernommen und einige davon werden sich als falsch herausstellen.

Sehr viele unserer Gedanken beinhalten zudem eine ständige Sorge um die Zukunft oder Schuldgefühle wegen der Vergangenheit. Wir haben es so bitter nötig, die Kontrolle zu übernehmen!

Die Nutzlosigkeit des Sich-Sorgens, die Nutzlosigkeit von Schuldgefühlen

Sorgen um die Zukunft – sei es um die nächsten fünf Stunden oder die nächsten fünf Jahre – nimmt jeden Tag einen sehr großen Teil unserer Gedanken ein. Schuldgefühle wegen der Vergangenheit sind weitere häufige Besucher in den Kammern unseres Geistes.

Wie oft haben Sie schon einen Berg von Sorgen aufgebaut und ihn immer und immer wieder bestiegen, ohne auch nur zu denken: Halt! Stopp! Ich jage nur einem Phantom nach! Viele Male, nehme ich an. Und wie oft ging es dabei um etwas in der Zukunft, das sich in Wirklichkeit nie ereignete? Die meisten Male, nehme ich an.

> *„Ich bin ein alter Mann und habe viele Schwierigkeiten kennengelernt, doch die meisten haben sich nie ereignet.“*
>
> *– Mark Twain*

Wie viele Stunden haben Sie schon mit Schuldgefühlen wegen etwas verschwendet, was Sie in der Vergangenheit gesagt oder getan haben? Sie wissen sehr wohl, dass Sorgen und Schuldgefühle nichts an der Zukunft oder der Vergangenheit ändern können. Sie können diese Gedanken immer und immer wieder in Ihrem Kopf abspielen, doch die meisten zukünftigen Ereignisse, die Sie fürchten, werden sich wahrscheinlich nie ereignen, und ein schlechtes Gewissen über die Vergangenheit kann die Vergangenheit nicht rückgängig machen. Die meisten Menschen gelangen durch selbst auferlegte Schuldgefühle nur in ein verrücktes Labyrinth von Vorwürfen und Selbstzweifeln. Wie hätte ich denn anders darauf reagieren können? Ich hätte dies oder jenes tun können. Ich hätte es tun sollen. Und was hat wohl dieser oder jener von mir gedacht? Und so weiter und so fort. Meine Urgroßmutter Martha Hodell hat oft folgendes Zitat gebraucht:

> *„Man würde sich nicht so oft Sorgen darüber machen, was die Leute über einen denken, wenn man wüsste, wie selten sie es tun."*
>
> *– Eleanor Roosevelt*

Denken Sie an die Stunden, die Sie damit verbracht haben, in jenem Labyrinth zu wandeln und imaginäre Gespräche zwischen Ihnen und irgendjemandem anderen zu führen. Sie arbeiten sich bis zu dem Punkt vor, wo Sie es quasi körperlich fühlen können, obwohl Sie wissen, dass es nicht real ist. Wenn ich einen Schritt zurücktrete und mich selbst dabei beobachte, staune ich nur darüber, wie ausführlich diese Gespräche werden können! Sie gehen weiter und weiter und bevor ich es merke, habe ich genug Dialog für einen 90-minütigen Film zusammengeträumt. Wenn es nicht so frustrierend wäre, könnte man darüber lachen, wie leicht wir unwissentlich in diese Falle gehen.

Wenn Sie sich dabei ertappen, dass Sie in die Zukunft oder in die Vergangenheit abgleiten, halten Sie an! Treten Sie auf die Bremse! Kommen Sie zurück ins Hier und Jetzt! Das Jetzt ist real. Das Hier ist echt. Geben Sie Ihre volle Aufmerksamkeit dem Hier und Jetzt. Die Gegenwart ist die einzige Zeit, in der Sie kreative, einfallsreiche Aktionen setzen können, die Ihrem Leben den größtmöglichen Nutzen bringen.

> *„Lernen Sie von der Vergangenheit, setzen Sie sich lebendige, detaillierte Ziele für die Zukunft, doch leben Sie nur in der Zeit, über die Sie Kontrolle haben: dem Jetzt."*
>
> *- Denis Waitley*

Sorgen, Schuld und Energiefluss

Sorgen und Schuldgefühle rauben Ihnen nicht nur Ihre kostbare Zeit; sie stehlen Ihnen auch die Energie, die Sie benötigen, um Ihr Leben zum Besseren zu verändern. Aber wenn Sie sich darauf konzentrieren, Ihre Gedanken zu lenken, lenken Sie damit auch Ihren Energiefluss. Und nach 20 Jahren in der Gesundheits- und Wellness-Branche kann ich Ihnen sagen, dass die meisten Menschen zwei vorrangige Wünsche haben: etwas für die Gewichtskontrolle und etwas für Energie. Sie haben das Gefühl, dass ihnen Energie fehlt, und das kommt oft daher, weil sie die herrliche Lebenskraftenergie, die uns jeden Tag zugeführt wird, in die falschen Bahnen lenken.

Stellen Sie sich Ihre gegenwärtige Energie als ein Bankkonto vor, auf dem Geld ein- und ausgeht. In diesem Fall überwiegt der Geldausgang. Dies ist ein bildhafter Vergleich, der von Carolyn Myss kommt und den man sich leicht merken kann.

Nehmen wir an, Sie haben 100 Euro auf diesem Bankkonto.

Nun hegen Sie einen alten Groll gegen jemanden. Nehmen wir an, dass es Sie 10 Euro kostet, sich über die vergangene Kränkung zu ärgern. Keine große Sache. Er hat Sie schlecht behandelt! Er verdient Ihren Zorn!

Dann gibt es diese Meinungsverschiedenheit, die Sie letzte Woche mit einem Kollegen hatten. Ihr Magen krampft sich Ihnen jedes Mal zusammen, wenn Sie daran denken. Weitere 10 Euro sind weg.

Ach ja, und Ihre Tochter. Sie schwänzt Unterrichtsstunden und hängt mit fragwürdigen neuen Freunden rum. Sie können das quälende Gefühl nicht loswerden, dass sich da Probleme anbahnen. 15 Euro gehen raus, um das zu finanzieren.

Dann ist da dieses nagende Schuldgefühl wegen etwas, das Sie gestern nicht hätten sagen sollen. Indem Sie darüber grübeln, zahlen Sie 10 Euro dafür.

Ach ja, und Sie haben große Angst vor der Zukunft. Vielleicht verlieren Sie Ihre Arbeitsstelle. Sogar eine Beziehung könnte vielleicht zerbrechen. Indem Sie sich Sorgen um diese beiden Dinge machen, zahlen Sie jedem davon 25 Euro.

Oje. Jetzt sind nur noch 5 Euro auf Ihrem Bankkonto übrig, um die Energie zu finanzieren, die Sie brauchen, um heute noch etwas Nützliches zustande zu bringen! Indem Sie Ihre Energie nutzlos für Zukunft und Vergangenheit aufgewendet haben, haben Sie einfach nicht mehr die Energie, die Sie heute – in der Gegenwart – brauchen, um das Leben zu gestalten, das Sie sich für Morgen wünschen.

Sorge ist nicht nur eine sinnlose Verschwendung von Energie; Sorge ist das Gegenteil von Glaube und Vertrauen. Sorge ist Angst. Und Angst kann nicht gemeinsam mit Glauben existieren. Wenn Sorge Ihr Denken beherrscht, stecken Sie in einem Phänomen fest, das genau die Dinge, vor denen Sie Angst haben, in Ihr Leben anziehen kann.

> *„Alles, was ein Mensch erreicht und was er nicht erreicht ist eine direkte Folge seiner eigenen Gedanken ... Wie er denkt, so ist er; wenn er fortfährt, so zu denken, bleibt er so ... Seinen Zustand hat er sich selbst zu verdanken und niemandem anderen ... Sein Leiden und sein Glück entwickeln sich von innen heraus."*
>
> *- James Allen*

Sie sind der Künstler. Sie haben die Kraft.

Sie haben definitiv die Kraft in sich, Ihr Leben durch die Art und Weise zu ändern, wie Sie darüber denken. Da ist nichts Mystisches dran. Es ist eine einfache Wahrheit, dass wir mit allem verbunden sind; die Welt ist ein Spiegel und wie wir uns entschließen, über etwas zu denken, so spiegelt es die Welt zurück.

„Gedanken sind Dinge! Und mächtige Dinge noch dazu. Wenn sie mit zweckgerichteter Bestimmtheit und einem brennenden Wunsch verbunden werden, können sie in Reichtum umgesetzt werden."

– Napoleon Hill

Da Ihre Fähigkeit, etwas „ins Dasein zu denken", Ihnen sowohl das bringen kann, was Sie wollen, als auch das, was Sie nicht wollen, müssen Sie das Lenken Ihrer Gedanken mit steter Wachsamkeit angehen, die Ihnen zur Gewohnheit werden sollte. Sie müssen so konsequent auf die Art und Qualität Ihrer sich am häufigsten wiederholenden Gedanken achten, dass Sie ein Experte darin werden, nur diejenigen auszuwählen, die Ihre Ziele unterstützen.

„Durch die Wahl Ihrer Gedanken und das Auswählen der emotionalen Strömungen, die Sie freigeben und die Sie verstärken werden, bestimmen Sie die Qualität Ihres Lichts. Sie bestimmen die Wirkung, die Sie auf andere ausüben, und die Natur der Erfahrungen in Ihrem Leben."

– Gary Zukav

Ein Ziel ins Dasein zu denken erfordert, dass Sie die Kontrolle über Ihre Gedanken und Gefühle und Emotionen übernehmen. Dies ist nicht einfach, aber es gibt Strategien, die Sie meistern können, und ich werde einige von ihnen bald beschreiben. Im Moment wollen wir nur festhalten: Auch wenn es eine Herausforderung sein mag, so ist die Übernahme der Kontrolle tatsächlich einfacher als in einem unbefriedigenden Leben gefangen zu bleiben, in dem Ihre entmachtenden Gedanken immer wieder als Realität zu Ihnen zurückkommen. Merken Sie sich:

> *„Gedanken sind Bumerangs; sie kehren mit Präzision zu ihrer Quelle zurück. Wählen Sie mit Bedacht, welche Sie werfen."*
>
> *- Autor unbekannt*

Das ist enorm. Nicht neu, aber enorm. Jeder Gedanke ist Energie. Jeder Gedanke ist buchstäblich eine Kraft. Gedanken sind nicht nur Bilder in Ihrem Kopf oder Emotionen, die durch Ihren Körper rasen. Sie breiten sich in Form von Vibration von Ihnen nach außen aus. Und jeder positive Gedanke zieht eine positive Wirkung an und zieht sie zurück in die Richtung, woher er kam. Ebenso wird jeder negative Gedanke das Gleiche tun.

> *„Ich halte es für wahr, dass Gedanken Dinge sind. Sie sind ausgestattet mit Körpern und Atem und Flügeln: Wir senden sie aus, um die Welt mit etwas Gutem oder mit etwas Schlechtem zu füllen. Was wir unseren geheimsten Gedanken nennen, saust bis zum entferntesten Ort der Erde und hinterlässt Segen oder Leiden wie Spuren, wo immer es vorüberzieht. Wir errichten unsere Zukunft mit einem Gedanken*

> *zum anderen, zum Besseren oder zum Schlechteren, doch wir wissen es nicht. Doch so wurde das Universum geschaffen. Gedanke ist ein anderer Name für Schicksal; wähle also dein Schicksal und warte ab, denn Liebe bringt Liebe und Hass bringt Hass."*
>
> *– Henry van Dyke*

Das ist gut gesagt.

„Gedanke ist ein anderer Name für Schicksal."

Das drückt alles in nur sieben Wörtern aus.

Ihre Gedanken sind mächtige lebendige Wesen. Fragen Sie sich also: Sind sie ermächtigend oder entmachtend? Leisten Sie einen guten oder einen schlechten Dienst für Sie und Ihre Träume? Unterstützen sie, was Sie an Ihrem Leben ändern möchten? Oder halten sie Sie in widrigen Umständen gefangen?

Wenn Sie beginnen, sich Ihrer am häufigsten wiederholenden Gedanken bewusst zu werden und die Kontrolle über sie zu übernehmen, werden Ihnen auch die Worte bewusster werden, die Sie wählen, um diese Gedanken auszudrücken. Worte werden die Bausteine für Affirmationen sein und Affirmationen machen es möglich, gewohnheitsmäßige unproduktive Gedanken zu unterbrechen und umzukehren.

Ja, Sie können praktisch Ihre Denkmuster neu verdrahten und etwas ins Dasein denken, sprechen und bekräftigen.

WORTE:
WAS SAGEN SIE?

Ihre Worte sind die Flügel Ihrer Gedanken; sie tragen sie wie Bumerangs zwischen Ihrem bewussten und unterbewussten Geist und zwischen Ihnen und der Außenwelt hin und her. Ihre Worte gehören zu den mächtigsten Kräften, die Ihnen zur Verfügung stehen. Sie sind in der Tat so mächtig, dass sie etwas erschaffen oder zerstören können.

Welche Wörter wählen Sie gewöhnlich, um Ihre Gedanken sich selbst und anderen gegenüber zum Ausdruck zu bringen?

Hilft Ihnen Ihr innerer Dialog oder schadet er Ihnen?

Hilft Ihr externer Dialog anderen oder verletzt er sie?

Und ich frage wieder: *Unterstützen Ihre Worte Ihre Ziele?* Oder tun sie das Gegenteil dessen, was Sie wollen?

> *„Das Wort ist das mächtigste Werkzeug, das Sie als Mensch haben ... Aber wie ein zweischneidiges Schwert kann Ihr Wort den schönsten Traum erschaffen oder alles um Sie herum zerstören. Die eine Schneide ist der Missbrauch des Wortes, was das Leben zur Hölle macht. Die andere Schneide ist die Makellosigkeit des Wortes, die nur Schönheit, Liebe und Himmel auf Erden schaffen wird."*
>
> *– Don Miguel Ruiz*

Die Worte, die Sie zu sich selbst sagen

Wir alle führen ständig Selbstgespräche. Wir alle haben eine innere Stimme. Sie ist ein natürlicher Teil von Ihnen. Sie schwankt immer zwischen drei unterschiedlichen Rollen hin und her:

- Innerer Coach oder Innerer Führer
- Innerer Beifallklatscher
- Innerer Kritiker

Betrachten Sie Ihre innere Stimme als einen Maßstab, der sich zwischen negativem und positivem Denken hin und her bewegt. Der innere Kritiker wäre ganz links, der innere Coach in der Mitte und der innere Beifallklatscher auf der rechten Seite. Sie werden am effektivsten sein, wenn Sie die Worte, die Sie verwenden, und den „Tonfall" Ihrer inneren Stimme zwischen der Mitte und leicht rechts auf der Skala halten.

Wenn sich Ihre innere Stimme gut benimmt, weil Sie sie unter Kontrolle haben, ist sie eine Quelle gesunder konstruktiver Kritik, die Ihr Urteil mäßigt und Sie auf dem rechten Weg hält. Das ist Ihr innerer Coach. Es ist Ihre Vernunft. Der weise Teil von Ihnen. Er hilft Ihnen, Situationen objektiv mit einem Minimum an Emotion zu bewerten. Dies ist Ihre neutralste Stimme.

Ihr innere r Beifallklatscher ermutigt Sie, motiviert Sie zu positiven Handlungen, gibt Ihnen Selbstvertrauen und verleiht Ihnen ein Gefühl der persönlichen Macht.

Zu den Aufgaben Ihrer inneren Stimme gehört, Sie zu schützen. Aber im Zuge dessen versucht sie oft, Sie von Dingen fernzuhalten, vor denen Sie nicht wirklich geschützt werden müssen. Dies geschieht, wenn Sie die Kontrolle verloren haben und die Stimme zu Ihrem inneren Kritiker wird. Jetzt „schützt" Sie sie auf extreme Weise. Sie kann ein virtueller Dämon sein, der wie ein außer Kontrolle geratenes Kind in Ihrem Gehirn Amok läuft und alles zerstört, was in seine Reichweite kommt. Wenn es Ihnen nicht gelingt, diese Stimme in Zaum zu halten, tränkt Sie die Worte, die Sie zu sich selbst sagen, mit all dem negativen, Panik machenden und selbstsabotierenden inneren Dialog, der Sie unglücklich machen, in den Wahnsinn treiben, Ihre Träume zerstören und Sie vom Erfolg abhalten kann. Dann kann der innere Kritiker eine sehr ernste Bedrohung sein und Ihnen schwere und dauerhafte Schäden zufügen, je nachdem, wie stark er in Ihnen ist.

Der innere Kritiker spricht in der Regel am lautesten während eines Entscheidungsfindungsprozesses und dann wieder gerade dann, wenn sich die Dinge zum Guten wenden. Er wird immer dazwischen hin und her tanzen, Ihnen dabei helfen zu wollen, ein Problem vernünftig zu betrachten, Sie vor echten und unechten Gefahren zu schützen und Sie mit Gründen zu überschütten, warum Sie auf keinen Fall erfolgreich sein können, was auch immer Sie tun möchten. Letzteres wird natürlich dazu führen, dass Sie zum Scheitern verurteilt sind, wenn Sie diese Stimme zulassen.

> *„Scheitern ist ein Betrüger mit einem Gespür für Ironie und Verschlagenheit. Es hat großen Spaß daran, jemandem das Bein zu stellen, wenn der Erfolg schon fast in Reichweite ist."*
>
> *– Napoleon Hill*

Der Trick besteht darin, Ihren inneren Kritiker zu „feuern" und Ihren inneren Coach und Ihren inneren Beifallklatscher „einzustellen".

- Wenn Ihr innerer Kritiker sagt „Du wirst wahrscheinlich versagen", sagen Sie sofort: „Danke für deine Meinung. Du bist gefeuert!" Dann ersetzen Sie ihn mit Ihrem inneren Beifallklatscher, der sagt: „Die einzige Möglichkeit, wie ich versagen könnte, wäre, wenn ich es nicht einmal versuche."
- Wenn Ihr innerer Kritiker sagt „Du kannst das nicht", sagen Sie sofort: „Danke für deine Meinung. Du bist gefeuert!" Dann ersetzen Sie ihn mit Ihrem inneren Beifallklatscher und der sagt: „Ich kann alles schaffen, was ich mir in den Kopf setze."
- Wenn Ihr innerer Kritiker jemals sagt „Du bist nicht (gut, klug, stark) genug, um das zu tun", feuern Sie diesen Gedanken und lauschen Sie Ihrem inneren Beifallklatscher, der sagt: „Ich bin (gut, klug, stark) genug, um das zu tun! In mir habe ich alles, was ich brauche, um meine Ziele zu erreichen."
- Und wenn Ihr innerer Kritiker Sie dazu treibt, sich wegen irgendwelcher Fehler, die Sie gemacht haben, selbst zu geißeln, stoßen Sie ihn zurück. Erkennen Sie einfach an, dass Sie sich bessern müssen und gehen Sie eine feste Verpflichtung ein, dies zu tun.

Spielen Sie dieses kleine Spiel mit dem „Du bist gefeuert" mit sich selbst, um Ihre innere Stimme ständig in Wort und Tonfall positiv zu halten. Nachdem Sie eine Zeitlang dazu bewusst Ihre Willenskraft angewendet haben, wird dies zu einer automatischen Gewohnheit und Sie werden nicht mehr bewusst daran denken müssen.

Eine andere Art des Umgangs mit Ihrer inneren Kritiker kommt von Psychotherapeuten Kali Munro. Um die Macht des inneren Kritikers zu schwächen, machen Sie sich bewusst, dass Sie nicht Ihr innerer Kritiker sind. Ja, er ist ein Teil von Ihnen, aber er ist nicht, wer Sie sind. Mit diesem Verständnis sollten Sie in der Lage sein, einen Schritt zurückzutreten und Ihrem inneren Kritiker zuzuhören, aber dabei abseits von ihm zu stehen. Indem Sie ihn getrennt von sich betrachten, nehmen Sie seinen Worten die Macht und verringern somit seine Macht über Sie.

So erlangen Sie die Kontrolle über Ihre innere Stimme und Sie nehmen Ihr Leben selbst in die Hand. Sie können es sich einfach nicht leisten, einem Phantom zu erlauben, Sie und Ihr Potenzial für den Erfolg zu gefährden. Ihre Selbstgespräche müssen bekräftigend und erhebend sein. Das ist zwingend notwendig!

„Ihre eigenen Worte sind die Ziegel und der Mörtel für die Träume, die Sie verwirklichen wollen. Ihre Worte sind die größte Macht, die Sie haben. Die Worte, die Sie wählen und ihre Verwendung werden das Leben bestimmen, das Sie erleben werden."

– Sonia Choquette

Die Worte, die Sie zu anderen sagen

Verlieren Sie nie die Tatsache aus den Augen, dass Ihre Worte die Macht haben, Menschen entweder hinab zu reißen oder sie aufzubauen und ihnen Vertrauen zu geben und Freude zu machen. Vergessen Sie nie, dass Ihre Worte ändern können, was andere von sich denken, was sie von Ihnen denken und wie sie Sie behandeln. Ihre Worte sind sehr mächtig.

> *„Seien Sie makellos mit Ihrem Wort. Sprechen Sie mit Integrität. Sagen Sie nur das, was Sie meinen. Vermeiden Sie, das Wort gegen sich selbst zu wenden oder Klatsch über andere zu verbreiten. Nutzen Sie die Kraft von Wortes in Richtung der Wahrheit und der Liebe."*
>
> *- Don Miguel Ruiz*

Als Sie ein Kind waren, haben Sie wahrscheinlich den Spruch gehört: „Stöcke und Steine können meine Knochen brechen, aber Worte können mir nicht weh tun." Ja, richtig. Dieser tolle Spruch wurde von Generation zu Generation weitergegeben, um Kindern zu helfen, sich nicht vom verbalen Mobbing durch Gleichaltrige am Schulhof zermürben zu lassen. Aber nachdem sie als „hässlich, dumm und blöd" bezeichnet wurden und gesagt bekamen „Ich mag dich nicht", leiden viele Kinder stumm vor sich hin und es kann sogar lebensverändernde Konsequenzen haben. Unterschätzen Sie nie die Anzahl der nicht verheilten Wunden im Hintergrund eines Menschen.

Sie können entweder kritisieren oder eine Stimme der Ermutigung, der Vernunft und der Weisheit sein. Betrachten Sie die Worte, die Sie gegenüber Menschen aussprechen, die Ihnen am nächsten sind. Sind Ihre Worte positiv und ermutigend? Oder sind sie negativ, kritisch und sarkastisch, möglicherweise weil Sie gestresst sind und keine Geduld aufbringen können? Sie befinden sich vielleicht in einem Zustand völliger Frustration und sagen zu einem Kind: „Du bist faul und erledigst nie deine Arbeit!" Oder Sie können sich zusammenreißen und sagen: „Schatz, steh jetzt bitte auf und mach deine Arbeit." Es gibt immer eine positive Weise, etwas zu sagen und für beide Parteien die besten Ergebnisse herauszuholen. Statt andere abzustempeln und zu verallgemeinern, bitten Sie doch einfach um das, was Sie wollen.

> *„Kommunizieren Sie mit anderen so klar wie möglich, um Missverständnisse, Traurigkeit und Drama zu vermeiden. Mit nur diesem einen Einverständnis können Sie Ihr Leben völlig verändern."*
>
> *– Don Miguel Ruiz*

Jeder muss wissen, dass er geliebt und respektiert und geschätzt wird. Ob es Ihre Familienmitglieder, Freunde, Mitarbeiter oder völlig fremde Menschen sind, machen Sie es sich zur Gewohnheit, sie mit den Worten, die Sie wählen, Ihrer Wertschätzung zu versichern. Erkennen Sie, wie positiv Sie Menschen mit echtem Lob beeinflussen können – nicht, weil Sie etwas von ihnen wollen, sondern „einfach nur so".

Vielleicht ist es ein Fremder, der gerade einige freundliche Worte braucht. Vielleicht ist es jemand, den Sie nie wieder sehen werden. Oder vielleicht ist es die Kassiererin im Supermarkt oder der Mensch hinter dem Bankschalter oder die Person, die Ihnen bei Regen oder Sonnenschein Ihre Post bringt. Es lohnt sich einfach, sie erhebende, ermächtigende Worte hören zu lassen.

Oder vielleicht ist es jemand, der Ihnen in den Sinn kommt, wenn Sie allein sind und mit Liebe oder Dankbarkeit an diese Person denken. Hören Sie auf mit dem, was Sie gerade tun, rufen Sie diese Person an und teilen Sie ihr Ihre Gedanken mit. Handeln Sie sofort. Es fühlt sich gut an. Es baut starke Bindungen auf. Es hebt den Geist. Es wärmt das Herz. Es ist ein Moment, der sich vielleicht unauslöschlich als eine bleibende Erinnerung im Geist einprägen wird. Es könnte sogar einer dieser Augenblicke sein, der das Leben eines Menschen verändert.

Man weiß nie, womit Menschen gerade zu kämpfen haben und wie Ihre Worte es Ihnen erleichtern, durch den Tag, einen Monat, ein Jahr oder gar das Leben zu kommen.

„Was Sie loben, vermehren Sie."

- Catherine Ponder

Worte, die besser gewählt werden könnten

Das Wort „hassen" ist eines jener Worte, das eine bessere Wahl verdient. Wir hören oft „Ich hasse es, wenn das passiert" und „Ich hasse es, das sagen zu müssen, aber ..." und so weiter. Warum behalten wir so ein hartes Wort in unserem alltäglichen Wortschatz? Meine Kinder haben es mit Aussprüchen ersetzt wie „Ich mag es nicht, wenn das passiert."

Hier ist eine anderes: „gespannt". Ich pflegte zu sagen: „Ich bin gespannt zu hören, was du denkst." Aber „gespannt" kann auch Unbehagen, Angst oder Sorge bedeuten. Das war überhaupt nicht, was ich damit meinte. Also ersetzte ich „gespannt" mit „interessiert". „Ich bin interessiert zu hören, was du denkst." „Ich bin interessiert zu sehen, was bei unserem Treffen herauskommt."

Und außer jedem einzelnen „Sie müssen" in diesem Buch (mit einem Augenzwinkern geschrieben) wollen wir das Wort „müssen" lieber ganz aus unserem Wortschatz streichen. Zum Beispiel: „Ich muss das haben. Ich muss das tun." Dies kommt wie ein Seufzer rüber, wie eine Beschwerde, ein „Ich bin so bemitleidenswert." Es hört sich wie der Schrei eines Opfers nach Aufmerksamkeit und Sympathie an. Wir meinen es vielleicht nicht so, aber oft kommt es so rüber. Vier positive Alternativen sind: „ich brauche", „ich will", „ich möchte" und „ich wähle".

Ach ja, und dann gibt es noch den Spruch: „Ich kann mir das nicht leisten." Wenn Sie etwas wirklich wollen, fragen Sie stattdessen doch: „Wie kann ich mir das leisten?"

Und ersetzen Sie Ihr „Ich kann das nicht" durch „Wie kann ich das hinbekommen?"

Senden Sie Ihren Geist auf eine positive Suche statt über eine negative Vorstellung zu grübeln. Nutzen Sie die schöpferische Kraft Ihres Geistes, um herauszufinden, wie Sie etwas tun können.

Stöbern Sie in Ihrem alltäglichen Wortschatz und halten Sie Ausschau nach Wörtern, die Sie gewohnheitsmäßig verwenden und die einen Austausch vertragen könnten.

ÜBUNG 4-1

Wörter, die ich auf ein höheres Niveau heben will

Nehmen Sie sich einen Augenblick Zeit, um an Wörter oder Phrasen zu denken, die Sie gerne auf ein höheres Niveau heben möchten, und schreiben Sie sie in die linke Spalte. Alles, was Sie ein wenig zusammenkrampfen lässt, wenn Sie es sagen oder hören! Dann schreiben Sie Ihre aktualisierten Versionen in die rechte Spalte.

______________	______________
______________	______________
______________	______________
______________	______________
______________	______________
______________	______________

Worte, die das Vertrauen in Sie untergraben

Im Film Bambi hatte Klopfers Vater recht, als er zu ihm sagte: „Wenn du nichts Nettes zu sagen hast, halte den Mund!"

Vielleicht sagen Sie etwas Negatives über jemanden und vielleicht hat er oder sie es verdient. Und Sie fühlen sich besser, nachdem Sie es gesagt haben. Doch das kann wie ein Bumerang zu Ihnen zurückkehren. Die Person, zu der Sie es sagen, könnte sich fragen, was Sie hinter ihrem Rücken wohl über sie sagen werden. Sie könnte sogar aufhören, Ihnen zu vertrauen. Merken Sie sich: Was Peter mir über Paul erzählt, sagt mir mehr über Peter als über Paul.

> *„Ich bestätige, dass sich nichts schneller bewegt als Vertrauen. Nichts ist so erfüllend wie ein Vertrauensverhältnis. Nichts ist so inspirierend wie ein Vertrauensangebot. Nichts ist so rentabel wie die Ökonomie des Vertrauens. Nichts hat mehr Einfluss als ein Ruf des Vertrauens."*
>
> *– Stephen M. R. Covey*

Worte, die Problemen Nahrung geben

Wenn andere Menschen Ihnen ihre Sorgen erzählen, verstärken Sie diese unfreiwillig, indem Sie Worte wählen, die ihren Problemen Nahrung geben und ihre Schmerzen noch tiefer verankern? Wie zum

Beispiel: „Das ist ja schrecklich! Du armes Ding! Das ist doch einfach grauenhaft! Du tust mir ja so leid!“ Dies ist eine ganz natürliche Reaktion, weil Sie wirklich Ihr Mitgefühl ausdrücken wollen, doch um es richtig zu tun, sollte man andere Worte wählen.

Was Sie wirklich ausdrücken wollen, ist etwas wie: „Ich höre, was du sagst! Meine Güte, das war sicher schwer für dich. Ich kann mir gar nicht vorstellen, wie schlimm das gewesen sein muss. Und du bist so ein starker Mensch, ich weiß, du bist fähig, das zu überwinden. Lass mich wissen, wie ich dich unterstützen kann!“

Seien Sie mit Ihrer freundschaftlichen Empathie vorsichtig. Halten Sie sich mit Ihrem Mitleid zurück. Verwenden Sie keine leeren Wörter, die die Sache nur noch schlimmer machen.

Worte des ewigen Opfers

Menschen, die eine Opfer-Mentalität haben, wiederholen gern ihren negativen inneren Dialog immer und immer wieder jedem gegenüber, der ihn hören will. Und noch schlimmer ist, dass sie in der Regel jeden Rat ignorieren, den sie im Gegenzug erhalten! Ohne es zu merken, suchen sie gar nicht nach Rat. Sie suchen nach Bestätigung, dass sie nicht dafür verantwortlich sind, was in ihrem Leben falsch gelaufen ist. Sie haben „Recht“! Ihnen wurde „Unrecht getan“! Sie sind „machtlos“, es zu ändern!

Nicht nur, dass es andere abstößt, wenn man immer wieder nur von seinen Problemen erzählt. Diese negativen Erfahrungen prägen sich auch immer tiefer ein, wenn das selbsternannte Opfer immer und immer wieder von ihnen erzählt.

Wenn Sie sich darin wiedererkennen, machen Sie sich keine Vorwürfe. Wie die meisten Menschen sind Sie sich wahrscheinlich nicht einmal bewusst, dass Sie in diese Falle getappt sind. Es ist eine heimtückische Angewohnheit, die sich leicht unter Ihrem Radar durchschleichen kann. Ihre Probleme sind für Sie wichtig, aber lassen sie nicht zu, dass sie zu Ihrer Geschichte, Ihrer Identität, Ihrer Marke werden. Das wollen Sie bestimmt nicht. Und es gibt einen Ausweg.

Zunächst einmal erzählen Sie den Leuten nicht mehr von Ihren Problemen. Es ist völlig nutzlos! 80 Prozent jener Menschen haben kein Interesse daran und, ha ha, 20 Prozent sind in der Tat froh, davon zu hören! Stellen sie also die Regel auf, dass Sie nicht mehr über negative oder schmerzhafte Dinge sprechen werden, es sei denn, Sie führen einen Dialog mit einem engen Freund, schütten ihm Ihr Herz aus und suchen ernsthaft nach einer Lösung.

Zweitens gibt es mehrere spezifische Strategien, um alle negativen Gedanken/Wort-Muster umzukehren, und ich werde sie bald näher besprechen. Für den Moment wollen wir nur festhalten, dass Sie Ihre gewohnheitsmäßigen Denk- und Sprechmuster in neue Bahnen lenken – also quasi „neu vernetzen" – können.

Wie die Neuvernetzung der Gedanken eines einzigen Menschen etliche Leben veränderte

Damon ist ein lieber Freund von mir, der sein Leben und das Leben anderer durch Umpolung seiner Denk- und Sprechmuster verändert hat.

Damon ist ein freundlicher, sanfter Mensch. Doch jahrelang lebte er in einem Zustand verzehrender Wut und war voller Schmerz und Ärger, weil er sich weigerte, dem neuen Ehemann seiner Ex-Frau zu verzeihen. Damons Zorn war also so tief verwurzelt, dass er sich auf jeden Bereich seines Lebens auswirkte, unter anderem auch auf seine Kinder. Sie waren verwirrt und fühlten sich inmitten der Schlacht zwischen ihren Eltern hin und her gerissen und es tat ihnen weh, ihren Vater so verärgert zu sehen. Das Letzte, was Damon wollte, war, seine Kinder zu verletzen, doch seine Gedanken und Worte bewirkten das Gegenteil von dem, was er wollte.

Als ihm ein Freund sagte, er müsse diesem Kerl wirklich vergeben, sagte Damon: Nie. Aber eines Tages kam seine Intuition zum Vorschein und sagte: Warte mal. Falls ich versuchen sollte, ihm zu verzeihen, würde wie ich vorgehen? Aus irgendeinem Grund, der ihm selbst nicht ganz klar war, entschied er sich, eine bestimmte Arbeitskollegin um Rat zu fragen. Sie sagte ihm mit einigen wenigen einfachen „Neuvernetzungs"-Worten, die vertraulich behandelt werden müssen, was er tun solle.

Zuerst dachte Damon, ihr Rat sei lächerlich. Aber schließlich befolgte er ihn. Innerhalb von 24 Stunden hatte er ihre Strategie in Handlung umgesetzt. Er schickte eine SMS-Nachricht an diesen Mann, dem er so sehr grollte. Im Wesentlichen hieß es darin: Wir müssen damit aufhören. Es tut den Kindern weh, und ich möchte mich mit dir und Kathy an einen Tisch setzen.

Diese eine inspirierte Handlung veränderte innerhalb einer Woche alles. Sie bewirkte einen massiven Wandel in Damons täglichen Gedanken, Worten und Emotionen. Es rührte seine Kinder, die

Ex-Frau und den Mann, von dem Damon dachte, er könne ihm niemals verzeihen. Jetzt trifft Damon nicht mehr auf Widerstand, wenn er mehr Zeit mit seinen Kindern verbringen will. Sie sind zufrieden mit der Situation und sie freuen sich, ihren Vater zu sehen. Die Heilung, die dadurch bewirkt wurde, dass sich die Gedanken und Worte einer einzigen Person änderten, hatte einen dauerhaften Welleneffekt auf alle Beteiligten.

„Wenn Sie Groll gegenüber einem anderen Menschen hegen, sind Sie an diese Person oder diesen Umstand durch eine emotionale Verbindung gebunden, die stärker ist als Stahl. Vergebung ist der einzige Weg, diese Verbindung zu lösen und sich zu befreien."

– Catherine Ponder

Alles kommt wieder auf die Idee zurück, dass man seine Realität bewusst erschaffen kann. Wir alle haben die Kraft zur Veränderung eines Gedankenmusters – egal, wie tief verwurzelt es ist – und wir können es um 180 Grad wenden, bis es zu der positiven Realität wird, die wir suchen.

„Vergebung – der vergebende Zustand des Geistes – ist eine magnetische Kraft, die Gutes anzieht."

– Catherine Ponder

Ja, Sie haben die Macht, Ihre Überzeugungen, Ihr Leben und sogar das Leben anderer zu ändern, indem Sie Ihre Gedanken und Ihre Worte ändern.

EINFACHE VERÄNDERUNGSSTRATEGIEN

Wenn wir uns wirklich holen wollen, was wir wollen, müssen wir nicht nur uns selbst kennen; wir müssen uns selbst auch ehren, wir müssen auf jeden kleinen Gedanken achten, der sich wiederholt einstellt, und wir müssen jede Emotion verstehen, die uns antreibt.

Jede Emotion ist eine Botschaft aus unserer Seele. Jede Emotion ist eine Reaktion auf einen Gedanken. Daher müssen wir uns stets dessen bewusst sein, was sich in unserer emotionalen Landschaft abspielt. Während die meisten von uns gerne von ihren Emotionen ablenken lassen, müssen wir genau das Gegenteil tun. Wir müssen auf unsere Gefühle achten, weil sie uns sehr nützliche Informationen über uns selbst geben.

Als ich mich zum ersten Mal dafür entschied, mir selbst wirklich ständig bewusst zu machen, was ich dachte, verlangte das viel Disziplin und es erschien mir als ein enorm ehrgeiziges Vorhaben – wenn nicht gar unmöglich –, da ich einen sehr aktiven Geist habe. Doch zu meiner Überraschung dauerte es nicht lange, bis ich es wirklich gut hinbekam. Ich erlernte verschiedene Strategien dafür, meine Emotionen zu betrachten, ihren Ursprung zu identifizieren und bewusst meine Gedanken zu wählen, statt sie zufällig durch mich hindurchlaufen zu lassen. Hier sind einige dieser Strategien.

Nutzen Sie Ihren Körper als Lehrer

Wenn ein negativer Gedanke Amok läuft und Sie eine intensive emotionale Reaktion darauf haben, wird es sich irgendwo in Ihrem Körper bemerkbar machen. In der Tat ist dies ein Paradebeispiel dafür, dass Gedanken sich materialisieren.

Das nächste Mal, wenn Sie eine solche Erfahrung machen, legen Sie eine Pause ein, horchen Sie in sich hinein, beobachten Sie, was Sie fühlen und erlauben Sie sich, das Gefühl intensiv zu spüren. Zieht sich Ihnen die Kehle zusammen? Verkrampft sich Ihr Magen? Haben Sie feuchte Handflächen? Wird ihr Gesicht heiß und rot? Spüren Sie ein Gewicht auf der Brust? Nehmen Sie diese instinktiven Reaktionen wahr. Ihr Körper macht Sie damit auf das Vorhandensein von Emotionen aufmerksam, die Ihre Aufmerksamkeit erfordern.

Wenn Sie bewusst Ihre körperlichen Reaktionen wahrnehmen, können Sie in der Regel zurückverfolgen, von welchem Gedanken das Gefühl ausgegangen ist. Dann erkennen Sie Ihre emotionalen Muster und können Gedanken und Worte identifizieren, die Ihre Gefühlswelt erschüttern. Sobald Sie diese Punkte verbunden haben, können Sie bessere Gedanken wählen, die Sie vom Stress befreien, Ihre Gesundheit fördern, Ihre Stimmung heben und angenehme körperliche Gefühle produzieren.

Was werden Sie auf dieser wachsamen Erkundungsreise finden? Wie sieht Ihre emotionale Landschaft aus? Wie reagieren Sie auf die Gedanken, die ungesunde körperliche Gefühle hervorrufen? Gibt es ein Muster für das alles? Sehen Sie, was Sie ändern müssen, damit Sie mehr Kontrolle über Ihre Denkmuster und Emotionen gewinnen können?

Akzeptieren und hinnehmen

Manchmal muss man akzeptieren, dass es Dinge gibt, die man nicht kontrollieren oder zum jetzigen Zeitpunkt ändern kann. Da bleibt einem nichts anderes übrig, als sie hinzunehmen. Nicht als Besiegter, sondern mit der Weisheit der Erkenntnis, dass die Geschichte noch nicht zu Ende ist. Je eher Sie es tun, desto besser. Weiterer Widerstand wäre eine reine Zeit- und Energieverschwendung und würde Sie daran hindern, sich produktiven Pfaden zuzuwenden. Damons Geschichte war ein Beispiel dafür.

- Gehen Sie davon aus, dass möglicherweise etwas Göttliches bei der Arbeit ist, völlig getrennt von dem, was Sie sehen und verstehen können.
- Vertrauen Sie darauf, dass dies möglicherweise einem größeren Zweck dient, den Sie einfach nicht begreifen.
- Akzeptieren Sie, dass Ihre Hoffnungen sich zerschlagen und Ihre Erwartungen sich nicht erfüllt haben, so traurig es auch sein mag.
- Nehmen Sie die Kurven und Wendungen auf der Straße der Erwartungen als unvermeidbare Umwege hin, die letztendlich zu Ihrem Besten sind, auch wenn Sie noch nicht sehen können, wohin sie führen.
- Geben Sie sich der Liebe hin, die Sie gerade jetzt umgibt.

Das erinnert mich an das I-Ging (Buch der Wandlungen) und den Zick-Zack-Pfad. Das I-Ging besagt, dass die Natur einen Zick-Zack-Pfad zu ihren Zielen geht. Und es geschehen immer wieder Wunder auf dem Weg, die wir nicht sehen können, bis ihre Zeit gekommen ist. Sie wissen, was Sie wollen, aber Sie haben keine detaillierte Landkarte mit allen Wendungen und Umwegen.

Das menschliche Ego will immer Gewissheit haben. Es will alles sofort verstehen. Es möchte eine gerade Linie von dem Ort, wo Sie jetzt sind, zu dem Ort, wo Sie sein wollen, sehen. Aber das ist nicht der Weg des Göttlichen. Der Weg des Göttlichen ist ein Zick-Zack-Pfad. Er schlängelt sich aus Ihrer Sichtweite. Und das macht uns Angst. Doch wir können diese Ängste zerstreuen und sogar abwegige Gedanken zurückschlagen, wenn wir vertrauensvoll all die Ereignisse akzeptieren, die wir nicht kontrollieren können, und uns ihnen hingeben.

Nutzen Sie Mutter Natur als Lehrerin

Dies ist mir das Liebste. Achten Sie auf Lektionen aus der Natur. Vor meinem Schlafzimmerfenster steht ein Baum, den ich regelmäßig als meinen Lehrer einspanne. Ich sehe hinaus und denke mir: Ist es nicht interessant, wie die Blätter einfach nur ihr Ding machen? Manchmal stehen sie still. Manchmal bewegen sie sich in zitternder Aufregung. Manchmal sind sie grün und manchmal sind sie gelb, wie sie mit den Jahreszeiten kommen und gehen. Sie haben keinen schlechten Tag. Sie widersetzen sich nicht. Sie fließen einfach immer mit dem Strom.

Ich frage mich: Kann ich nicht mehr wie die Blätter sein? Wir sind aus dem gleichen Stoff gemacht, also was soll denn all mein Widerstand? Und ich ziehe ungeheure Kräfte aus diesen süßen Geschenken von Mutter Natur. Wenn ich mich bei ihrer Betrachtung beruhige, spüre ich, wie meine Atmung entspannter wird und meine Spannungen verschwinden.

Eines Tages, als alles schief zu laufen schien, merkte ich schließlich, dass ich mich widersetzte, statt die Dinge, die ich nicht kontrollieren konnte, einfach hinzunehmen. Plötzlich dachte ich: Meine Blätter! Ich werde nach oben gehen und meine Blätter betrachten!

Ich rannte die Treppe hinauf und sah hinaus, und sie waren verschwunden! Am vorherigen Tag waren sie noch dort gewesen, bereit, sich der Kälte zu ergeben. Starke Winde hatten sie über Nacht plötzlich weggeblasen.

Welche Lektion erteilten sie mir damit? Eine andere Jahreszeit hatte eingesetzt und die Blätter hatten sich ihr ergeben. Warum? Weil dies der Zyklus des Lebens und zum Wohl des Baumes war. Die Natur hat manche Bäume so gemacht, dass sie nur überleben können, indem Sie durch die Kälte hindurch schlafen und Energie in ihren Wurzeln speichern, damit sie ihre Blätter im nächsten Frühling erneuern können. Und das war auch die Antwort für mich. Mein Widerstand war für die Katz gewesen. Die Jahreszeit für das, was ich wollte, war noch nicht gekommen. Es war also an der Zeit zu kapitulieren ... mich produktiveren Vorhaben zuzuwenden ... meine Wurzeln ein wenig tiefer in die Erde zu schieben und sie für das zu stärken, was bald kommen würde. Genauso, wie es dieser Baum tut, wenn er muss.

Seien Sie dankbar

Wie ich bereits erwähnt habe, können Sie nicht anziehen, was Sie noch nicht haben, wenn Sie nicht dankbar für das sind, was Sie jetzt schon haben. Die Haltung der Dankbarkeit ist das Rahmenkonzept, um das zu bekommen, was Sie wollen. Es ist besonders nützlich, wenn Sie Sorgen entgegenwirken und unangenehme Gefühle stabilisieren müssen. Egal, wie trostlos alles scheinen mag, Sie können immer etwas finden, wofür Sie sehr, sehr dankbar sein können. Mehr über Dankbarkeit kommt in Kapitel 7.

Ziehen Sie den Stecker raus

Ich liebe diesen Rat von Carolyn Myss und ich folge ihm ständig. Wenn Sie ein gewohnheitsmäßiges Denkmuster identifizieren, das geradezu danach schreit, gestoppt zu werden, weil es störend ist und Sie emotional in Unruhe versetzt, wirkt es Wunder zu sagen: „Ich ziehe den Stecker raus."

Die Idee dabei ist, sich Ihr unnützes, sorgenbeladenes Gedankenmuster als elektrischen Strom vorzustellen, der durch ein Kabel fließt, das an eine Steckdose angeschlossen ist. Sagen Sie „Ich ziehe den Stecker raus!" und sehen Sie sich dabei, wie Sie den Stecker direkt aus der Wand reißen und damit unmittelbar die Existenz dessen beenden, was auch immer damit verbunden war.

Ich finde, „Ich ziehe den Stecker raus" ist viel besser als „Halt!", weil „Halt" nicht verhindert, dass es erneut startet! Aber „Ich ziehe den Stecker raus" ist endgültig. Indem Sie den Stecker rausziehen, schneiden Sie die Energie zu Ihren unerwünschten Emotionen ab.

Sagen Sie: „Ich ziehe den Stecker raus! Ich weigere mich, diesen Gedanken mit meinen Emotionen zu versorgen!"

Bis jetzt

Das hier funktioniert prima, um gewohnheitsmäßiges Denken zu unterbrechen, das Sie in eine Abwärtsspirale von Selbstkritik und den begleitenden schwächenden emotionalen Reaktionen wirft.

Mit den Worten „bis jetzt" nutzen und leiten Sie die Energie Ihres wunderbaren Geistes dahingehend, dass Negatives in Positives umgewandelt wird - immer, wenn Sie Ihren inneren Kritiker dabei erwischen, dass er Sie abkanzeln will.

Mein innerer Kritiker sagt vielleicht zu mir: „Margie, du kannst das nicht sehr gut ___!" oder „Margie, das hast du bisher noch nie gekonnt!"

Wenn ich diese Kritik durch ein Ohr hinein und aus dem anderen hinausgehen lassen, statt sie zu unterbrechen, wird sie immer wieder zurückkommen und könnte mich schließlich gar davon überzeugen, dass ich es wirklich nicht gut kann, was auch immer es ist, und damit wird sie mir schließlich die Kraft rauben.

Das werde ich nicht zulassen. Indem ich zu jedem negativen inneren Dialog die Worte „bis jetzt!" hinzufüge, verändere ich die Energie meines ganzen Wesens. Ich nehme eine saubere, klare, nicht wertende Haltung ein, die mich mit einem Fingerschnappen für das Positive aufweckt. Ich bin auf die Existenz von etwas hingewiesen worden, das ich in Ordnung bringen muss; ich gehe die Verpflichtung ein, es in Ordnung zu bringen; und ich habe eine Lösung in Bewegung gesetzt. „Margie, das hast du bisher noch nie gekonnt, bis jetzt!"

AFFIRMATIONEN: DIE KRÖNUNG DER LÖSUNGEN

Mein Freund und Mentor Bob Proctor sagt, es gibt zwei Möglichkeiten, um dauerhafte Veränderungen zu schaffen. Eine davon ist ein katastrophales Lebensereignis und die andere ist die konsequente Wiederholung von neuen Informationen. Letzteres bezieht sich natürlich auf Affirmationen. Obgleich ich Sie an früherer Stelle schon dazu eingeladen habe, eine Zehe in diese Gewässer zu tauchen, habe ich die eingehende Diskussion bis jetzt aufgespart.

An sich sind Ihre vorherrschenden Gedanken und Worte Affirmationen. Es ist wichtig, das anzuerkennen. Denn wir müssen zwischen diesen natürlich aufkommenden Affirmationen, die wie die Gezeiten kommen und gehen, und den bewussten, verändernden, sorgfältig konzipierten Affirmationen unterscheiden.

Ihre natürlich aufkommenden Affirmationen in Form von Gedanken und Worten tun nach Lust und Laune, was sie wollen – und doch sind sie genauso mächtig wie das Affirmations-Verfahren, mit dem man geistige in die körperliche Realität verwandeln kann. Wenn sie sich mit dem inneren Kritiker verbünden, um all die negativen Selbstgespräche, Sorgen, Schuld und Angst einzufangen, denen Sie gewohnheitsmäßig frönen, können sie wie eine Flutwelle über Sie schwappen und Sie in den Umständen gefangen halten, aus denen Sie eigentlich herauskommen wollen.

Umgekehrt gilt ebenso: Wenn Sie bewusst Affirmationen als Verfahren in die Praxis umsetzen und Sie mit den anderen Schritten in diesem Buch kombinieren, lassen Affirmationen die Schleusen aufspringen und führen zu den positiven Veränderungen, die Ihr Leben verwandeln können.

> *„Affirmationen sind wie Samen, die in den Boden gepflanzt werden. Magerer Boden, schlechtes Wachstum. Reicher Boden, üppiges Wachstum. Je mehr Sie Gedanken wählen, die Ihnen ein gutes Gefühl geben, desto schneller werden die Affirmationen wirken."*
>
> *- Louise L. Hay*

Zur Praxis des Affirmationsverfahrens

Der Praxis von Affirmationen wurde von manchen ein schlechter Ruf gegeben. Sogar ich, Ihre führende Affirmationsaktivistin, dachte mir, die Idee sei schon ziemlich abwegig und dümmlich, als ich erstmals davon hörte.

Manche Leute nehmen gleich an, es ginge dabei darum, monoton leere Worte vor sich hin zu singen und zu erwarten, dass sich dadurch irgendein magisches Ergebnis einstellt. Demzufolge schließen Sie, dass das Affirmationsverfahren unmöglich funktionieren kann. Alles was ich dazu sagen kann, ist, dass die Neinsager es entweder gar nicht versuchen oder nicht bestimmungsgemäß angewendet haben. Es gibt zu viele Beweise in den Leben echter Menschen – mich eingeschlossen –, dass das Affirmationsverfahren nicht nur funktioniert, sondern ganz großartig funktioniert.

Das Affirmationsverfahren macht es Ihnen möglich, systematisch neue Wege des Denkens, neue grundlegende Überzeugungen und eine neue grundlegende Perspektive zu entwickeln. All das führt zu positiven Ergebnissen, die Sie aus Ihren aktuellen Umständen befreien und schließlich Ihr Leben verändern können.

Das Erstellen von Affirmationen ist zweifellos die beste Methode, um Ihnen zu helfen, zu Ihrem Besten zu denken. Es ebnet den direktesten Weg zum Erfolg – durch Wachsamkeit – dadurch, dass Sie sich ständig Ihre alltäglichen Gedanken und Worte bewusst machen, die Sie wählen. Es schult Ihren Geist, negative Gedanken, Worte und Überzeugungen sofort zu hinterfragen, wenn sie an die Oberfläche vordringen. Es leitet Sie an, sie mit ermächtigenden, expansiven Gedanken des Überflusses zu ersetzen, bis Ihre Reise Sie ganz bis zur Manifestation Ihrer Träume als Realitäten führt.

Daher besteht die Idee natürlich darin, Affirmationen als das vorrangige Verfahren zu nutzen, um Kontrolle über Ihre Gedanken, Worte und, ja, Ihr Schicksal zu erlangen. Warum sollten Sie es nicht tun? Sie wissen bereits, dass Ihre dominierenden Gedanken und Worte, wenn sie nur oft genug und lange genug wiederholt werden, zu Ihrer Wirklichkeit werden können. Wenn Sie bewusst und regelmäßig das Affirmationsverfahren praktizieren, können Sie negative Selbstgespräche in positive Aussagen umkehren, die genauso sicher zur positiven körperlichen Wirklichkeit werden können wie die negativen zum Gegenteil führen.

Napoleon Hill schrieb in seinem Buch Denke nach und werde reich über unzählige erfolgreiche Menschen – reiche und berühmte Menschen mit Namen, die jeder Haushalt kennt –, die Affirmationen zum

Zwecke des Wohlstandsaufbaus praktiziert haben. Damals nannte er es „Autosuggestion".

> *„Erinnern Sie sich daran, was über das Unterbewusstsein gesagt worden ist, dass es ähnlich einem fruchtbaren Garten ist, in dem Unkraut in Hülle und Fülle wachsen wird, wenn keine Saaten wünschenswerterer Kulturen gesät werden. Autosuggestion (Affirmieren) ist die Leitstelle, über die ein Mensch sein Unterbewusstsein bewusst mit Gedanken kreativer Art versorgen oder über die er durch Vernachlässigung gestatten kann, dass zerstörerische Gedanken ihren Weg in den reichen Garten des Geistes finden."*
>
> *– Napoleon Hill*

Andere Autoren, die viel über Affirmationen geschrieben haben, sind Louise L. Hay, Catherine Ponder und Florence Scovel Shinn, die mich am meisten mit ihrem Buch aus den 1920er Jahren bewegt hat, The Game of Life and How to Play It.

> *„Du wirst ein Versager sein, bis du deinem Unterbewusstsein einprägst, dass du ein Erfolgsmensch bist. Dies geschieht durch eine Affirmation, die „klickt"."*
>
> *– Florence Scovel Shinn*

Dem Unterbewusstsein etwas einprägen. Das ist es, was Affirmationen tun. Durch wiederholte Nutzung von Affirmationen und indem man sie in sein Herz schließt (Kapitel 5), überzeugen Sie Ihr Unterbewusstsein, dass Ihre Behauptung wahr ist. Dies scheint die Choreografie für den geheimnisvollen Tanz zu schreiben, der zwischen Unterbewusstsein und Bewusstsein abläuft und der letztendlich Ihre geistige Haltung, Ihre Gewohnheiten, emotionalen Reaktionen, Verhaltensweisen und buchstäblich alles in Ihrer äußeren Welt verwandeln kann.

> *„Unser Unterbewusstsein hat keinen Sinn für Humor, macht keine Witze und kann den Unterschied zwischen Realität und einem gedachten Gedanken oder vorgestellten Bild nicht erkennen. Worüber wir ständig nachdenken, wird sich schließlich in unserem Leben manifestieren."*
>
> *– Sidney Madwed*

Das Affirmationsverfahren kurz zusammengefasst

Wie allgemein gelehrt wird, beinhaltet das Affirmationsverfahren in der Regel das Niederschreiben einer kurzen, positiven, präzise formulierten Aussage im Präsens, die ein zukünftiges Ergebnis, das Sie sich wünschen, beschreibt, als ob es bereits eingetreten wäre.

Sobald Sie Ihre Aussage niedergeschrieben haben, wiederholen Sie sie leise gegenüber sich selbst und laut anderen gegenüber, immer und immer wieder, so oft wie möglich. Schließlich werden Sie sie durch Ihr Denken, Sprechen und Affirmieren ins Dasein bringen.

> *„Nur Eines wird vom Unterbewusstsein registriert: sich wiederholende Anwendung -die Praxis. Was Sie praktizieren, ist, was Sie manifestieren."*
>
> *- Fay Weldon*

Doch warten Sie. Das Verfahren beginnt nicht mit Ihrer Aussage und deren Wiederholung. Es geht Hand in Hand mit jedem Schritt in diesem Buch – besonders der kreativen Visualisierung – und hilft Ihnen, die angestrebten Ergebnisse in jedem Bereich Ihres Lebens zu erreichen.

Noch bevor Sie eine Affirmation schreiben, beginnt das Verfahren damit, dass Sie bestimmen, wer Sie sind, was Sie sein, tun und haben wollen und wann Sie es wollen und mit Ihrer Entscheidung, es zu bekommen (Kapitel 1) ... in Kombination mit Ihrem Glauben daran, dass Sie es erreichen können (Kapitel 2) ... in Kombination mit Ihrer herrlich detaillierten Visualisierung, dass Sie es bereits erreicht haben (Kapitel 3) ... in Kombination mit Affirmationen (dieses Kapitel) ... in Kombination mit dem Einschließen ins Herz (Kapitel 5) ... in Kombination mit der Durchführung der Handlung, um es zu vollbringen (Kapitel 6)... in Kombination mit ständiger Dankbarkeit für das, was Sie jetzt haben (Kapitel 7)! Ja! Genauso wie diese Schritte sich je nach Bedarf auf natürliche Weise vermischen und sich an keine bestimmte Reihenfolge binden lassen, so vermischt sich mit ihnen während Ihrer Reise auch die Praxis der Affirmationen. Entscheidend ist, dass Ihr Verständnis und die Durchführung jedes Schrittes auf eine bestimmte Weise für die Anwendung des Affirmationsverfahrens wichtig sind.

> *„Affirmation ohne Disziplin ist der Anfang der Täuschung."*
>
> *– Jim Rohn*

Ich habe es so erlebt: Sobald Sie Gewissheit darüber haben, wer Sie sind und was Sie wollen und einen brennenden Wunsch entwickeln, es zu bekommen, haben Sie die Anfänge gesetzt, die Sie beim Schreiben einer wirksamen Affirmation unterstützen werden. Doch von dieser Stelle aus müssen Sie weiterarbeiten. Vielleicht besteht zum Beispiel wirklich eine tiefe Kluft zwischen den Stellen, wo Sie jetzt sind und wo Sie sein wollen. Und der innere Kritiker erhebt sich und sagt: Spaß beiseite, das wird doch nie geschehen. Doch durch das Visualisieren, dass Sie Ihr Ziel bereits erreicht haben, und indem Sie diese Vision in Ihr Herzen einschließen, so dass Sie Ihr gewünschtes Ergebnis emotional fühlen, können Sie diese Kluft verringern und den inneren Kritiker in Schach halten.

Darüber hinaus ist es sinnlos, eine Affirmation auszusprechen, ohne sie zu visualisieren, als ob sie schon eingetreten wäre. Ebenso können Sie nicht morgens Ihre Affirmationen sagen und dann den ganzen Tag über negativ denken. Die Visualisierung ist dazu gedacht, das negative Denken mit einem klaren Bild der gewünschten Ergebnisse zu überdecken.

> *„Die Vision, die Sie in Ihrem Geist verherrlichen, das Ideal, das in Ihrem Herzen thront - danach werden Sie Ihr Leben gestalten und das werden Sie werden."*
>
> *- James Allen*

Ich glaube, indem ich alle Schritte ins Spiel bringe, vereinen sich alle Kräfte des Universums, um mir zu helfen, meine Träume in Realität zu verwandeln. Was ich in Bezug auf Menschen oder Umstände brauche, werde ich in mein Leben anziehen. In meinen Absichten steckt eine enorme Macht.

Wir brauchen also das gesamte Paket, um die Art und Weise zu rekonstruieren, wie wir denken. Dann können wir unsere Affirmationen mit voller Absicht, Glaube, Verlangen und Fokus schaffen.

Fünf Grundsätze für das Schreiben von Affirmationen, die funktionieren

1. Schreiben Sie Affirmationen in positiver Form.

Betrachten Sie Ihre Wortwahl als den Generalschlüssel zu Schaffung einer positiven Veränderung. Vermeiden Sie Wörter, die etwas beschreiben, wovon Sie nicht mehr haben möchten. Schreiben Sie zum Beispiel nicht: „Ich bin so glücklich und dankbar, dass ich Einschränkungen und Hindernisse überwinde." Schreiben Sie hin, was Sie wollen: „Ich bin so glücklich und dankbar, dass ich mich konsequent weiterentwickle und innerlich wachse."

> *„Unser Unterbewusstsein versteht nur positive Aussagen. Wenn ich sage „stelle dir keinen Elefanten vor", wird Ihr Geist die negative Anweisung ignorieren und sich das Bild eines Elefanten vorstellen. Wenn Sie Ihre Affirmationen erstellen, wählen Sie deshalb nur positive Worte, die klar und positiv erklären, was Sie wollen."*
>
> *– Bill Marshall*

2. Schreiben Sie Affirmationen im Präsens.

Visualisieren Sie sich bereits im Vollbesitz all dessen, was Sie affirmieren. Dann schreiben Sie die Affirmation im Präsens. Dies beeinflusst Ihr Unterbewusstsein zu akzeptieren, dass Sie bereits Ihr Ziel erreicht haben, lässt keinen Raum, um etwas anderes zu glauben, und hat die Tendenz, Ihre Fortschritte zu beschleunigen. Besitzen Sie es jetzt!

> *„Affirmierende Aussagen gehen über die Realität der Gegenwart hinaus; sie bewirken die Schaffung der Zukunft durch die Worte, die Sie im Jetzt verwenden."*
>
> *– Louise L. Hay*

3. Schließen Sie Ihre Affirmationen in Ihr Herz.

Ihr Herz ist das Heim Ihrer Emotionen. Fügen Sie Ihren Affirmationen echte Emotionen hinzu. Sie müssen die Worte tief drinnen fühlen und sie mit Überzeugung und Glauben füllen. Wählen Sie also jene wirklich saftigen Wörter, bei denen Ihre Gefühle automatisch Wow sagen!

> *„Erinneren Sie sich daran, wenn Sie Ihren Wunsch laut vorlesen: Das bloße Lesen der Wörter, hat KEINE WIRKUNG, solange Sie keine Emotionen oder Gefühle in Ihre Worte legen."*
>
> *- Napoleon Hill*

4. Wiederholen Sie Ihre Affirmationen leise und laut.

Wiederholen Sie jedes Wort so oft Sie können, aber mindestens einmal am Morgen und einmal am Abend.

> *„... Wiederholung beeindruckt das Unterbewusstsein und dann haben wir die Situation in der Hand."*
>
> *- Florence Scovel Shinn*

5. Machen Sie sich alle diese Prinzipien auf Dauer zur Gewohnheit.

Praktizieren Sie alle diese Prinzipien jeden Tag. Konsistenz ist entscheidend.

> *„Solange Sie wissen, was es ist, das Sie sich wünschen, dann behaupten Sie einfach, dass es Ihnen schon gehört – fest und positiv, ohne Wenn und Aber, und ohne Vielleicht –, und tun Sie es immer und immer wieder von der ersten Minute am Morgen bis Sie nachts schlafen gehen, und so viele Male während des Tages, wie es Ihre Arbeit oder Aktivitäten erlauben, und Sie werden zu den Menschen, Orten und Ereignissen angezogen, die Ihnen Ihre Wünsche bringen werden."*
>
> *– Scott Reed*

METHODEN ZUR SCHAFFUNG UND ZUM PRAKTIZIEREN VON AFFIRMATIONEN

Ich schreibe jetzt schon seit vielen Jahren schriftliche Affirmationen für jeden Bereich meines Lebens und ich weiß, dass sie funktionieren und mich alles erreichen lassen, was ich erreichen möchte. Ich habe es unzählige Male bewiesen. Und ich habe gelernt, solange Sie sich an die oben genannten fünf Prinzipien halten, gibt es verschiedene

Möglichkeiten, dem Konzept Ihren eigenen Stil zu verleihen, Ihre eigene Technik, Ihre Methode der Anwendung. Schauen wir uns einige davon an.

Anleitung für einen schnellen Start

Eine hervorragende Möglichkeit, beim Schreiben von Affirmationen schnell zu starten, ist, mit den Worten „Ich bin" zu beginnen. Diese Technik ist so effektiv, um das Unterbewusstsein zu beeindrucken, dass sie als ein Mittel zu verschiedenen Zwecken verwendet werden kann.

Sie haben bereits einen Vorsprung. In Kapitel 1 habe ich Sie aufgefordert, Ihre Lebensaufgabe und die Eigenschaften und Charakterzüge, die Sie sich aneignen möchten, mithilfe von „Ich bin" zu beschreiben. In Kapitel 2 verwendeten Sie „Ich bin", um Ihre Meinungen über verschiedene Dinge zu untersuchen. In Kapitel 3 schrieben Sie eine Affirmation, die mit den Worten „Ich bin" begann. Jetzt schreiben Sie: „Ich bin jetzt so glücklich und dankbar, dass ich" oder „Ich bin so glücklich und dankbar, dass ich jetzt" und ergänzen Sie dann den Satz.

Wie sollen Sie den Satz ergänzen? Da Sie Ihre aktuelle Situation verändern und eine neue schaffen wollen, denken Sie einfach nur daran, was Sie in jedem Bereich Ihres Lebens sein, tun und haben wollen. Ich habe in Kapitel 1 sieben Bereiche angeführt: Körper, Geist, Spiritualität, Familie/Freunde/Beziehungen, Job/Karriere/Geld, Abenteuer/Erholung und Dienen/Beitrag leisten.

Wenn Sie zum Beispiel ein gesundheitliches Problem haben, könnte Ihre Affirmation für den Körper-Bereich etwa lauten: „Ich bin jetzt so glücklich und dankbar, dass mein Körper gesund, stark und widerstandsfähig ist und mich in allem unterstützt, was ich tue." Denken Sie daran, dass Ihre Affirmation nur das enthalten darf, was Sie wollen, nicht das, was Sie nicht wollen. Beispielsweise dürfen Sie nicht sagen, Sie sind jetzt frei von Krankheit. Stattdessen würden Sie sagen, dass Sie nun reichlich Gesundheit haben.

Oder nehmen wir an, dass Sie die Liste der wünschenswerten Eigenschaften und Charakterzüge verwenden möchten, die Sie als Ziele der Selbstverbesserung in der Übung in Kapitel 1 entwickelt haben. Indem Sie vor jedes Element auf der Liste „Ich bin" schreiben, kommen Affirmationen zustande wie: „Ich bin mutig." „Ich bin gutherzig." „Ich bin stark." „Ich bin gesund." „Ich bin ein Denker, der alles für möglich hält." Und so weiter. Das ist sehr kraftvolle Nahrung für das Unterbewusstsein.

Sie können auch einen schnellen Start hinlegen, wenn Sie eine „Ich bin"-Affirmation rund um die Frage schaffen: „Was ist das Ermächtigendste, was ich über ___ glauben könnte?"

Wenn Sie auf die Übungen in Kapitel 2 zurückblicken, werden Sie sehen, dass das Wort „Geld" eine Option darstellt. Also könnten Sie jetzt eine solche Affirmation schreiben: „Ich bin so glücklich und dankbar, dass Geld jetzt reichlich, schnell und mit Leichtigkeit aus mehreren erwarteten und unerwarteten Quellen zu mir kommt. Überall, wohin ich mich wende, fließt mir Geld zu. Ich danke dafür." Beachten Sie, dass die Worte „Überall, wohin ich mich wende" der Affirmation Gefühl hinzufügen; und Sie haben auch Dankbarkeit hinzugefügt.

Wenn Ihr Einkommen von Kunden oder Klienten abhängt, können Sie so etwas hinzufügen: „Meine idealen Klienten (oder Kunden) laufen mir jetzt in Scharen zu."

Wenn Sie mit „Ich bin" anfangen, zwingt es sie, die Affirmationen im Präsens zu schreiben. Bevor ich mich intensiv mit Affirmationen beschäftigte, dachte ich mir: Ich möchte ein Buch schreiben. Der Gedanke war so kostbar und schien also unerreichbar, dass ich es nicht einmal fertigbrachte, ihn in Worte zu fassen und es jemandem zu sagen. Hätte ich damals gewusst, was ich jetzt über Affirmationen weiß, hätte ich mir nicht gedacht: Ich möchte ein Buch schreiben. Ich hätte eine mutige Affirmation aufgestellt, in der ich etwas in dieser Art behauptet hätte: „Ich bin so glücklich und dankbar, dass mein erstes Buch veröffentlicht wurde und positive Auswirkungen auf unzählige Menschenleben hat." Unnötig zu sagen, dass ich jene Affirmation aufschrieb, sie immer wieder wiederholte und zur Handlung schritt, und mein Traum wurde Wirklichkeit.

Merken Sie sich, dass die Worte „Ich bin" einen so starken Einfluss auf das Unterbewusstsein haben, dass Sie vorsichtig bei der Wahl der Worte sein müssen, die ihnen folgen. Sie werden zu den wichtigsten Wörtern in Ihrem Wortschatz werden, denn die Worte „Ich bin" sind Vorboten Ihres Schicksals.

Eine systematische Formel für die tägliche Affirmationspraxis

Dies ist eine Formel, die Sie jeden Tag so viele Wochen lang nutzen können, wie nötig sind, um die gewünschten Ergebnisse zu erzielen.

Meine Tochter Ashley begann sie in ihrem ersten Jahr an der Chapman University zu benutzen und erzielte erstaunliche Ergebnisse.

Machen Sie eine Liste von 7, 14 oder 21 Dingen, die Sie erreichen möchten. Schreiben Sie eine Affirmation über jedes einzelne davon. Wenn Sie sieben aufschreiben, wiederholen Sie eine pro Tag pro Woche. Wenn Sie 14 aufschreiben, wiederholen Sie 2 pro Tag pro Woche. Ashley schrieb 21 auf, das bedeutete, Sie würde 3 pro Tag pro Woche wiederholen.

Sie machte es sich zur Gewohnheit, morgens 10 bis 15 Minuten lang ihre drei Affirmationen immer wieder in ihrem Kopf laut zu wiederholen. Schließlich hatte sie alle auswendig gelernt, und das brachte sie deutlich auf ihren Radar. Während ich dies schreibe, hält sie es mit bemerkenswerter Disziplin weiterhin aufrecht.

Am Anfang gab es eine tiefe Kluft zwischen ihrer Situation und der Verwirklichung einiger dieser 21 Ziele. Es gab Zeiten, wo sie sich sagte „Das ist doch wirklich Blödsinn", aber sie hielt es durch. Mittlerweile hat sie die Lücke an mehreren Fronten bereits geschlossen. In einem Fach hat sie durchgehend nur die besten Noten erhalten.

Eines ihrer Ziele war es, ein Buch darüber zu schreiben, wie man lächelnd durchs Leben geht. Wir schrieben eine Affirmation, die lautete: „Ich bin so glücklich und dankbar für die Inspirationen für mein Lächel-Buch, die täglich durch mich fließen. Ich bleibe offen für Erkenntnisse, die aus allen Quellen kommen, um mir bei der Fertigstellung dieses Buches noch vor Weihnachten zu helfen."

Ashley stellte Affirmationen zusammen, die Bewegung um ihr Buch schafften. Eines Tages stellte sie erstaunt fest, dass sie urplötzlich Menschen mit genau den richtigen Talenten kennenlernte, die ihr halfen voranzukommen, um dieses Ziel zu erreichen. Einer davon war eine Grafik-Design-Studentin, die ein Projekt für ihr Hauptfach brauchte; also erstellte sie Ashleys Website. Ein anderer war eine Medien-Studentin, die ein Videoprojekt benötigte; also nahm sie ein Video rund um Ashleys Idee mit der Lächel-Kampagne auf. Schließlich lernte sie sogar einige sehr versierte, hoch angesehene Leute außerhalb der Hochschule kennen, die ihr kostenlose Beratungen für das Projekt gaben.

Ich kenne so viele ähnliche Beispiele aus meiner eigenen Erfahrung, dass ich davon überzeugt bin, dass Ashley diese Ressourcen aufgrund ihres konsequenten Aufsagens der Affirmationen, ihrer Offenheit für alles und der Einleitung der richtigen, konsequenten Handlungen anzog.

Aufzeichnung von Audio-Affirmationen in Ihrer eigenen Stimme

Vor einigen Jahren begann ich damit, eine Affirmations-Software zum Aufzeichnen und Wiedergeben meiner Affirmationen in meiner eigenen Stimme zu nutzen. Ich nahm sie auf, wenn ich mich an einem Ort der Klarheit und der Kraft und der Zweckbestimmung fühlte, damit ich beim Anhören wieder das gleiche Gefühl der Überzeugung zurückholen könne, das so wichtig ist, um das Unterbewusstsein zu beeindrucken. Und ich konnte Hintergrundmusik einspielen, um das Gefühl der Leidenschaft zu verstärken, die Affirmationen noch wirkungsvoller macht.

Die Ergebnisse waren erstaunlich. Ich bemerkte, wie viel schneller ich bei jedem meiner Ziele Fortschritte machte. Und nicht nur das. Etwas an dieser Methode veranlasste mich, mir immer mehr Ziele zu setzen –besonders solche, die so groß und scheinbar so unerreichbar waren, dass ich fast nicht wagte, sie mit meiner Stimme zu äußern. Doch nachdem ich sie aufgenommen und immer wieder abgespielt hatte, sah ich einige von ihnen in weniger als einem Monat Wirklichkeit werden!

Es ist wichtig, spezifisch zu sein

Mir fallen so viele Dinge ein, die ich haben wollte und die ins Dasein kamen, nachdem ich gelernt hatte, wie wichtig es war, eine sehr spezifische Sprache in meine Affirmationen zu nutzen.

Vor ein paar Jahren habe ich beschlossen, dass es Zeit war, meinen Mann zu finden. Ich war sieben Jahre lang allein gewesen. Meine Kinder wurden allmählich erwachsen und waren sehr beschäftigt mit ihrem eigenen Leben.

Ich schrieb eine Affirmation, die sehr kühn und spezifisch war. Beachten Sie, dass ich um nichts bat, das ich nicht bereit war, im Gegenzug selbst zu geben. Sie lautete:

> *Ich bin ein Magnet für Männer, die alleinstehend, emotional verfügbar, finanziell stabil und frei, offen, ehrlich, intuitiv, kommunikativ, sensibel, spirituell, intelligent, lustig, ausgeglichen, gesund, zärtlich und liebevoll sind - und die mich ermutigen,*

fördern und mir helfen, alles zu sein, zu tun und zu haben, was mein Schicksal ist - da ich dasselbe ihnen bringe.

Ich sprach es laut einigen Freunden vor. „Na dann viel Glück, dass du das findest", sagten sie.

Aber wissen Sie was? Ich setzte einen Termin – Ende Dezember – und am 16. November traf ich meinen Verlobten. Ray ist alles, was ich wollte, und sogar mehr als ich hoffen konnte.

Affirmationen funktionieren.

Fügen Sie Dankbarkeit hinzu

Fügen Sie Ihrer Sammlung von Affirmationen eine Prise Dankbarkeit hinzu. Hier ist ein kleines Beispiel: „Ich lebe jetzt mit einem dankbaren Herzen und sehe die vielen Gaben meines Lebens durch die Augen kindlichen Staunens."

Der Abschluss

Eine hervorragende Möglichkeit, um eine Affirmationsaussage abzuschließen, sind die Worte von Shakti Gawain: „Dies oder etwas Besseres manifestiert sich jetzt für mich auf völlig befriedigende und harmonische Weise zum höchsten Wohl aller Beteiligten."

AFFIRMATIONEN, DIE SIE FÜR JEDEN SCHRITT IN DIESEM BUCH NUTZEN KÖNNEN

Affirmationen für „Entscheiden, was ich will"

1. Ich bin dabei, einen klaren und definitiven Prozess zu verfolgen, um meine Wünsche in die physische Realität zu manifestieren.
2. Ich bin dabei, jetzt eine klare Botschaft von dem auszusenden, was ich mir wünsche.
3. Ich treffe jetzt klare und engagierte Entscheidungen, um genau das zu bekommen, was ich will.
4. Ich treffe jetzt Entscheidungen, die mit meiner Lebensaufgabe und meinen höchsten Werten in Einklang sind.
5. Ich treffe jetzt konkrete Entscheidungen und setze sie mit sofortigen und spezifischen, auf Ergebnisse ausgerichteten Maßnahmen um.
6. Ich treffe jetzt eine endgültige Entscheidung, und die unsichtbaren Kräfte des Universums bewegen sich, um mir zu helfen, diese in die Realität zu manifestieren.
7. Ich drücke jetzt mutig die natürlichen Gaben aus, mit denen ich geboren wurde.

SCHREIBEN SIE HIER ZWEI EIGENE EINFÄLLE AUF

____

____

Affirmationen für „Glauben aufbauen“

8. Ich wähle meine Meinungen bewusst.
9. Ich bin jetzt mit einem Gefühl von absoluter Sicherheit, dass ich meine Ziele erreichen kann und werde, auf dem Vorwärtskurs.
10. Ich habe ein klares Verständnis meiner Überzeugungen. Ich gebe meinen Fokus und meine Energie nur denjenigen, die zu meinem Besten sind und mich unterstützen.
11. Ich weiß jetzt, dass ich das Beste verdiene, was das Leben mir zu bieten hat, und das Beste fließt jetzt in mein Leben ein.
12. Ich habe jetzt alle Ressourcen und Talente, die ich brauche, um meine Ziele zu erreichen.
13. Ich bin ein grenzenloses Wesen. Alles, was ich brauche, um meine Träume zu verwirklichen, ist schon jetzt in mir oder wird mir gegeben werden.
14. Ich wähle nur die Meinungen, die mir mehr Kraft geben.

SCHREIBEN SIE HIER ZWEI EIGENE EINFÄLLE AUF

____

____

____

____

____

____

Affirmationen für „Eine überzeugende Vision schaffen"

1. Ich träume hochfliegende Träume. Meine Träume werden nach und nach meine alltägliche Realität.
2. Meine Vision ist das Versprechen des Menschen, zu dem ich mich jetzt entwickle.
3. Ich erschaffe große, kühne und leuchtende Bilder in meinem Geist, die mich dabei zeigen, wie ich die Realisierung meiner Wünsche genieße.
4. Die geistigen Bilder, die ich erstelle, sind klar und präzise.
5. Ich setze mir große und grandiose Ziele. Mein Wunsch, meine großen Ziele zu erreichen, gibt mir Energie, stärkt und befähigt mich konsequent zu wachsen und zu expandieren.

6. Ich habe eine klar bestimmte Hauptaufgabe im Leben.
7. Ich bin ein Schöpfer. Ich halte an den klaren Bildern dessen, was ich mir wünsche, fest, bis ich diese Realität geschaffen habe.
8. Ich habe eine detaillierte Vision dessen, was ich sein, tun und haben will.
9. Ich erstelle Vision Boards, die mir helfen, meine Vision noch klarer darzustellen, und ich sehe sie mir täglich mit einem Gefühl von Gewissheit an.

SCHREIBEN SIE HIER ZWEI EIGENE EINFÄLLE AUF

____

____

____

____

____

____

Affirmationen für „Es ins Dasein denken, sprechen und affirmieren"

1. Ich bin regelmäßig mit kreativem Brainstorming beschäftigt. Ich suche freizügig nach Ideen, auch wenn ich nicht

genau weiß, wohin sie führen werden.

2. Mein innerer Dialog arbeitet für mich.
3. Ich überwache meine Gedanken. Ich wähle Gedanken, die mich ermutigen und unterstützen, und mache sie mir zur Gewohnheit.
4. Ich erstelle kraftvolle Affirmationen im Präsens, die mir helfen, mich fortwährend darauf zu konzentrieren, was ich mir wünsche.
5. Ich nehme meine Affirmationen auf und höre sie mir immer und immer wieder an.
6. Ich nutze die Kraft der positiven Gedanken, um positive dauerhafte Veränderungen zu bewirken.
7. Meine kraftvollen Affirmationen verändern meine Realität.

SCHREIBEN SIE HIER ZWEI EIGENE EINFÄLLE AUF

____

____

____

____

____

____

Affirmationen für „Mit dem Herzen verbinden"

1. Ich verfolge, was mein Herz begehrt.
2. Ich bin mit meinem Kopf und meinem Herzen schöpferisch tätig.
3. Ich baue rund um meine Wünsche positive Emotionen auf.
4. Ich stelle mir die Objekte meiner Wünsche bereits im Voraus in meinem Besitz vor.
5. Ich belebe jetzt meine Ziele und Träume mit den Gefühlen meines Herzens.
6. Ich bin jetzt bereit, mir selbst und anderen zu vergeben.
7. Ich bin jetzt fähig, den Raum meines Herzens offen und frei zu halten.

SCHREIBEN SIE HIER ZWEI EIGENE EINFÄLLE AUF

____

____

____

____

____

____

Affirmationen für „Handeln"

1. Ich fange gleich jetzt an, mich in Richtung der Erreichung meiner Ziele zu bewegen.
2. Ich handle jeden Tag in Richtung meiner Ziele.
3. Ich unternehme jetzt schnelle und mutige Aktionen.
4. Ich suche nach Lösungen mit massiven, auf Ergebnis ausgerichteten Maßnahmen.
5. Ich bin bereit, dort zu beginnen, wo ich jetzt bin, und im Verlauf der weiteren Entwicklung zu lernen und zu wachsen.
6. Ich weiß, dass alles zählt. Ich feiere alle Fortschritte, große wie auch kleine, die mich meinen Zielen näher bringen.
7. Ich bin immer bereit, bei allem, was ich tue, mein Bestes zu geben.
8. Ich bin so dankbar, dass ich jetzt meine Ziele erreicht habe und genieße die Früchte meiner Bemühungen.

SCHREIBEN SIE HIER ZWEI EIGENE EINFÄLLE AUF

____

____

____

____

____

KAPITEL 5

Schritt 5: Schließen Sie es in Ihr Herz

„Lassen Sie sich von Ihrem stärksten Verlangen zu Ihrem Ziel leiten. Richten Sie Ihren Blick weit über das „Vernünftige" hinaus. Die Macht Ihrer Lebensaufgabe wirkt nur dann gründlich, wenn Sie einen Wunsch haben, der das Herz rührt."

– Price Pritchett

Wenn Sie wie die meisten Menschen sind, verbringen Sie wahrscheinlich mehr Zeit in Ihrem Kopf als in Ihrem Herzen, nur um mit der Dynamik des täglichen Lebens Schritt zu halten. Und bei den bisher beschriebenen Schritten ging es um Arbeit, die in Ihrem Kopf stattfand. Indem Sie diese Schritte und alle Übungen durchgeführt haben, haben Sie

- tief in Ihrem Inneren nach Ihrem zentralen Ziel gesucht,
- Ihre Lebensaufgabe identifiziert und bestimmt, was Sie wollen,
- Sich dafür entschieden, es sich zu holen,
- den Glauben aufgebaut, dass Sie es erhalten werden,
- Ihre Vision davon erstellt,

- den Prozess begonnen, Ihr Ziel ins Dasein zu denken, zu sprechen und zu affirmieren,
- und Methoden erlernt, Ihre innere Stimme zu kontrollieren, damit Ihr Denken Sie nicht sabotiert.

Nochmals herzlichen Glückwunsch! Sie haben enorme Fortschritte erzielt. Jetzt wollen wir das Herz damit verbinden.

Was meine ich damit?

Wenn Menschen sagen, dass sie auf der Suche nach dem Sinn des Lebens sind, suchen sie in Wirklichkeit eine tiefe Erfahrung. Wir alle wollen ein Erlebnis, das so tief geht, dass wir buchstäblich „fühlen", wie es uns das Herz füllt. Bis zum Rand und darüber hinaus.

ÜBUNG 5-1:

Ein Erlebnis, das mein Herz berührt hat

Denken Sie an eine Zeit, als Ihnen etwas zutiefst Wunderbares geschehen ist. Etwas oder jemand, das oder den Sie sich wünschten, kam schließlich in Ihr Leben. Was auch immer „es" war, „es" hat Ihre Gefühle so tief berührt, dass „es" in Ihr Herz einging und es bis zum Rand füllte, bis es überfloss. Schreiben Sie dieses Ereignis gleich hier auf, sagen wir mal, in 25 Wörtern oder so.

____

____

____

____

____

____

____

____

____

____

Erinnern Sie sich daran, wie voll Sie sich in der Mitte Ihrer Brust fühlten, als das geschah? Das ist das Gefühl, das ich will, dass Sie in Bezug auf Ihr Ziel fühlen, ganz gleich, welches Sie verfolgen. Gerade jetzt, bevor Sie es erreichen. So, wie Sie gelernt haben, sich selbst beim Erreichen Ihres Zieles zu visualisieren und es vor Ihrem geistigen Auge zu feiern, schon bevor Sie dort ankommen, müssen Sie jetzt beginnen, Ihre Vision in Ihrem Herzen zu „leben".

Alle großen Lehrer, die uns zeigen, wie man ein Ziel aufschreibt, liest, visualisiert und bekräftigt, fügen immer hinzu, dass man seine tiefsten, positivsten Emotionen hereinlegen muss. Warum?

Wenn Sie mit dem Anflug einer Idee beginnen und sie durch den kreativen Prozess der Entscheidungsfindung, des Glaubensaufbaus und der Erstellung der Vision führen, schaffen Sie eine Grundlage für geistige Klarheit. Dies ist in keinster Weise weniger wichtig als das Fundament eines Wolkenkratzers. Aber in diesem Stadium besteht Ihre Idee noch aus leeren Bildern, leeren Worten und Wünschen. Sie werden Ihre Idee, Ihre Entscheidung, Ihren Glauben, Ihren Traum erst dann sicher erfassen, wenn sie aus Ihrem Geist in Ihr Herz versinken. Dort wird Ihr Traum mit Kraft durchdrungen. Sie fühlen es. Sie verlieben sich in diesen Gedanken. Und nach landläufiger Meinung muss man etwas im Herzen „spüren“, damit es sich wirklich auf den Weg zu Ihnen macht.

Natürlich stimme ich dieser Meinung zu, denn Beweise findet man reichlich überall in den Erfolgsgeschichten der Menschen. Sicherlich habe ich dieses Phänomen des „vollen Herzens“ viele Male angetroffen, während ich die sechs Schritte dieses Buches begriff. Zum Beispiel denke ich an die Zeit, als ich erstmals beschloss, dass ich einen zweiten Wohnsitz in San Diego wollte, damit ich in der Nähe meiner erwachsenen Kinder sein könne.

Der Gedanke stellte sich in der typischen Umhüllung von Sorge, Zweifel und Angst ein. All die üblichen, verrückt machenden, hin und her schwankenden Argumente beschäftigten meinem Kopf über eine schmerzlich lange Zeit hinweg. Als ich es nicht mehr ertragen konnte, stampfte ich mit dem Fuß auf und sagte: „Ich kann das bewerkstelligen!“

Das war also der Punkt der Entscheidung. Ich hatte verschiedene Affirmationen zu dieser Angelegenheit, aber sie begann sich erst zu manifestieren, als die Idee in meinem Herzen Eingang fand. Ich glaube, sie fand dort Eingang, als ich den inneren Kritiker mit einer Affirmation überwältigte, die besagte: „Ich bin so glücklich und dankbar, dass ich morgens in San Diego aufwache ... dass ich die Meeresbrise fühlen und riechen kann ... dass ich zum Telefon greifen und meine Kinder anrufen kann und mich mit jedem von ihnen in weniger als 30 Minuten zum Mittagessen zusammensetzen kann." Als ich dort angelangt war, nahm alles um meinen Traum herum an Tempo zu. Und es wurde Wirklichkeit. In genau der richtigen Art und Weise und genau zum richtigen Zeitpunkt.

Der Dreh- und Angelpunkt Ihrer Reise

Sie müssen es mit dem Herzen verbinden. Dies ist der entscheidende Punkt auf Ihrer Reise in Richtung dessen, was Sie wollen, was auch immer es ist. An dieser Stelle beginnt Ihr Traum an Dichte zu gewinnen. Er wird zu einem bestimmten Stoff. Er baut eine gewisse Eigendynamik auf. Sie denken oder visualisieren nicht nur, was Sie wollen. Sie beginnen, es tatsächlich zu fühlen. In diesem Teil des kreativen Prozesses bringen Sie Ihren Traum ganz nahe an den kostbaren Moment heran, in dem er physisch in Ihrem Leben auftaucht.

Ihre tiefsten, positivsten Emotionen – Freude, Frieden, Liebe – wohnen praktisch in „Ihrem Herzen". Nennen Sie es Ihr spirituelles Herz, wenn Sie wollen. Es ist der Ort, wo wir anscheinend die Harmonie mit dem Universum, der Welt und dem Leben in all seinen Formen festhalten und erleben. Aber es kann auch Ihre tiefsten, negativsten Emotionen festhalten. Und indem Sie die Gefühle zum Ausdruck bringen, die Sie „in Ihrem Herzen fühlen", senden Sie Botschaften aus, die die Welt Ihnen zum Besseren oder zum Schlechteren widerspiegelt. Und so bestimmt das, was Sie in Ihrem Herzen fühlen, ob es entweder mehr Negativität anzieht, oder Ihre Träume beflügelt und sie Ihnen schneller bringt!

> *„Worauf Sie sich mit Gedanken und Gefühl konzentrieren, das werden Sie in Ihre Erfahrung anziehen, gleich, ob es etwas ist, was Sie wollen oder was Sie nicht wollen."*
>
> *– Bob Doyle*

Wie befördern Sie also Ihren Traum vom Kopf ins Herz? Wie bei einer ausgezeichneten Mahlzeit liegt das Geheimnis in der Vorbereitung.

- Machen Sie den Weg frei. Bauen Sie positive Emotionen rund um Ihre Wünsche auf – sein, tun, haben –und stellen Sie sich vor, jetzt in diesem Augenblick schon in Besitz der gewünschten Objekte zu sein.
- Beachten Sie, intensivieren Sie und erweitern Sie die Leidenschaft, das Engagement, die Aufregung und Freude, die Sie rund um Ihre Ziele und Affirmationen fühlen.
- Feiern Sie es, noch bevor Sie es haben.
- Seien Sie jeden Tag dankbar für das, was Sie jetzt haben.
- Machen Sie für diese Gefühle Platz in Ihrem Herzen, indem Sie sich von Herzverschließern befreien: den giftigen, negativen Emotionen, die sich im Laufe der Jahre oder gar erst in den letzten Minuten eingeschlichen haben.

Unterschätzen Sie nicht die Kraft eines Lebens mit offenem Herzen und mit der Einbeziehung Ihrer Gefühle, um etwas von Wert zu schaffen. Wenn Sie den Herzraum offen und unbelastet von den Ablenkungen der Vergangenheit und Zukunft halten, geschieht Folgendes:

- Sie sind frei, in vollem Ausmaß die Gefühle zu fühlen, die das gewünschte Ergebnis unterstützen.
- Sie können Ihre kreativen Kräfte voll zur Wirkung bringen, um im gegenwärtigen Moment zu leben und sich aus der Welt zu holen, was Sie wollen.
- Die Welt wird das Gute widerspiegeln, das von Ihnen ausstrahlt.

Beginnen Sie nun, indem Sie die Herzverschließer erkennen und sich von ihnen befreien, damit Sie immer für jeden Wink der Vorsehung aufgeschlossen sind, der durch andere Menschen auf Ihren Weg kommen mag.

„Lassen Sie die goldene, schöne, starke, kreative Natur, die Sie sind, ungehindert fließen."

– Hale Dwoskin

HERZVERSCHLIESSER

Es gibt bestimmte Dinge, die unser Herz verschließen. Sie sorgen dafür, dass wir uns völlig verschließen und nichts mehr an uns heranlassen. Wir können nicht klar denken und wir können die gewünschten Ressourcen und Beziehungen nicht zur Wirkung bringen, wenn wir unser Herz verschlossen haben.

Herzverschließer können entstehen, wenn Sie sofort reagieren, wenn andere Menschen etwas sagen oder tun, das Ihnen weh tut oder Sie ärgert. Sie können die Herzverschließer in Ihrem Körper fühlen. Sich selbst überlassen, können sie Ihnen Schaden zufügen; sie machen Sie steif und sie können Sie krank machen. Sie haften sich an Ihnen fest wie Parasiten und werden nicht loslassen, es sei denn, Sie übernehmen die Initiative, um sie loszuwerden. Wenn Sie dies nicht tun, bleiben sie an Ihnen haften. Und Sie werden Ihrerseits ebenso an ihnen festhalten! Diese Allianz fördert ihr Wachstum in allen möglichen negativen Formen: Wut, Groll, Eifersucht, Missgunst, Vorwürfe, Abwehrhaltung, Kritik, chronisches Sich-Beschweren, Selbstgerechtigkeit, Rachegefühle ... und so weiter. Die gute Nachricht ist, dass es für jeden Herzverschließer auch einen Herzöffner gibt.

HERZÖFFNER

Alles beginnt mit der Liebe. Wenngleich Herzöffner mit vielen Eigenschaften, persönlichen Einstellungen und Verhaltensweisen beschrieben werden können – wie etwa Vergebung, Toleranz, Mitgefühl, Güte, um nur ein paar zu nennen –, ist doch jede einzelne davon eine Manifestation der Liebe. Liebe ist ihre wahre Quelle.

> *„Es gibt keine Schwierigkeit, die man nicht durch genug Liebe überwinden könnte ... keine Tür, die nicht durch genug Liebe geöffnet werden kann, keine Kluft, die nicht durch genug Liebe überbrückt werden kann, keine Mauer, die nicht durch genug Liebe niedergerissen werden kann. Es spielt keine Rolle, wie tief der Ärger sitzen mag; wie hoffnungslos die Aussichten sein mögen; wie verworren das Gewirr ist; wie groß der Fehler war. Eine ausreichende Erkenntnis der Liebe wird alles auflösen. Wenn Sie nur genug lieben könnten, wären Sie das glücklichste und mächtigste Wesen auf der Welt ...“*
>
> *– Emmet Fox*

Aber Liebe muss zunächst von Ihnen zu Ihnen selbst fließen, bevor sie zu anderen fließen kann. Dann werden Sie ein Magnet. Ein leistungsfähiger, leistungsstarker Magnet, von dem Menschen angezogen werden. Einer, der anderen ein gutes Gefühl gibt. Wunder werden sich entfalten, wenn Sie offen für diese Wirklichkeit bleiben.

> *"Alles, was dir ein gutes Gefühl gibt, wird immer mehr von seiner Art anziehen."*
>
> *– Dr. John Gray*

Sich selbst lieben

Sie und ich und wir alle sind grenzenlos mit allem Leben verbunden. Und die Welt um Sie herum ist Ihr Spiegel, der reflektiert, wie Sie über sich selbst denken. Genauso wie ein Lächeln bei anderen auch ein Lächeln hervorruft, also ist die Liebe, die Sie sich selbst geben, auch für andere fühlbar und inspiriert sie, Sie ebenfalls zu lieben. So einfach ist das.

„An Ihnen ist etwas so Großartiges. Und wie Sie sich selbst lieben, so werden Sie andere lieben."

- Bob Proctor

Sich selbst zu lieben, ist gleichzeitig einfach und schwer. Es ist so einfach, wenn es einem gut geht und man erfolgreich ist, nicht wahr? Und es ist so schwer, wenn Sie Mist gebaut haben, nicht wahr? Wenn Sie das Gefühl haben, von Ablehnung umgeben zu sein, wenn Sie sich ausgegrenzt oder verloren fühlen, wenn Sie null Inspiration oder Antrieb spüren, scheint es enorme Mühe zu erfordern, auch nur daran zu denken, dass Sie sich selbst lieben können! Aber Sie müssen das tun. Wie auch immer die Umstände sein mögen, Sie müssen sich selbst durch alle Höhen und Tiefen Liebe geben.

Manchmal ist es nur eine Kleinigkeit, die es uns schwer macht, uns selbst zu lieben. Vor Jahren habe ich eine tolle Veranstaltung organisiert, die eine Menge von Leuten begeistert hat, die mir sagten, wie nützlich, wie rührend, wie lebensverändernd das war. Dann machte eine Person eine etwas kritische Bemerkung – und was glauben Sie, was ich mit nach Hause nahm? Natürlich. Es war dieser eine negative Kommentar.

Später an demselben Abend beschäftigte mich dieser eine Kommentar immer noch. Alles Lob war praktisch von mir abgeprallt, während dieser eine negative Kommentar in mich eingedrungen war und stecken blieb. Verrückt, sagte ich mir, weil ich doch wusste, dass ich eine großartige Leistung erbracht hatte. Ich wusste, dass ich gute Arbeit geleistet hatte.

Also machte ich eine kleine Abendübung. Ich ließ im Geiste den Tag vor meinen Augen ablaufen. Ich dachte an die Freude und die Tränen in den Augen der Menschen, die herzlichen Umarmungen und die Aufregung und das Gefühl von Erfüllung und Zufriedenheit, das ich spürte. Und ich beschloss einfach, diesen Emotionen und Gefühlen das ganze Gewicht zu geben. Indem ich mich in jenes Bild versinken ließ, konnte ich endlich diese eine leicht kritische Bemerkung, die jemand gemacht hatte, loslassen.

Wir neigen dazu, eine negative Bemerkung viel leichter zu verinnerlichen als eine positive, und das führt dann dazu, dass wir vergessen, uns für das Anerkennung zu zollen, was wir gut gemacht haben, geschweige denn, es zu feiern. Wir putzen uns selbst herunter, wenn wir einen Fehler machen oder wenn jemand etwas Negatives sagt. Wir sind viel zu streng zu uns selbst. Ich glaube, dass die meisten Menschen mehr oder weniger mit diesem Problem zu kämpfen haben.

Natürlich besteht die Lösung darin, sich darauf zu konzentrieren, was Sie richtig machen.

ÜBUNG 5-2

Was habe ich heute richtig gemacht?

Loben Sie und feiern Sie Ihre Erfolge, wie sie im Laufe des Tages auftreten. Öffnen Sie heute Abend dieses Buch auf dieser Seite und schreiben Sie sie nieder. Dann beginnen Sie ein Tagebuch zu führen, das nur diesem einen Thema gewidmet ist, und schreiben Sie Ihre Antworten jeden Abend hinein.

Klatschen Sie sich selbst am stärksten Beifall! Machen Sie sich das Geschenk, selbst die eifrigste, unterstützende Person in Ihrem Leben zu sein! Sie gehören möglicherweise zu den Menschen, die anderen großzügig Liebe und Vergebung schenken, ohne jemals sich selbst die gleichen Geschenke zu geben. Gönnen Sie sich diese Geschenke. Erkennen Sie, dass dies Ihre Fähigkeit, andere zu lieben und ihnen zu vergeben, nur vertiefen und verbessern kann.

Hören Sie auf, sich selbst zu bestrafen. Halten Sie nicht an Ihren Fehlern fest. Lassen Sie sie gehen.

Wenn mich das Gefühl überkommt, dass ich nicht mein Bestes getan habe, und ich beginne, mir deswegen Vorwürfe zu machen, wende ich meine Gedanken der Frage zu, wie ich ein kleines Kind behandeln würde, wenn es in meiner Situation wäre. Ich würde es ermutigen. Ich würde es auf meinen Arm nehmen und es umarmen und sagen: „Das hast du doch gut gemacht!" Dann stelle ich mir vor, ich sei dieses Kind. Stellen Sie sich vor, Sie wären dieses Kind. Sie sind nie zu alt, um sich selbst die Liebe und die Bestätigung zu geben, nach denen sich Erwachsene und Kinder gleichermaßen sehnen. Ich wette, wenn Sie sich selbst dieses Geschenk geben, werden Sie überrascht sein, wie viele weitere Geschenke von außen in Ihr Leben kommen werden.

„Bemühen Sie sich in erster Linie um das Gefühl der inneren Freude, des inneren Friedens, der inneren Vision und dann werden all die anderen Dinge von außen in Erscheinung treten."

– Marci Shimoff

Sich selbst und anderen vergeben

Vergebung beginnt mit der Liebe. Liebe zu sich selbst und zu anderen. Vergeben bedeutet, sich selbst und andere zu ehren. Sich selbst und andere zu akzeptieren. Sein Herz für sich selbst und andere zu öffnen. Und sich selbst von den Schmerzen aus Ihrer Vergangenheit zu befreien, damit Sie Ihr Leben vollständig in der Gegenwart leben können. Vergebung bringt Frieden. Vergebung ist wichtig für Ihre Gesundheit.

Beginnen Sie damit, sich selbst zu vergeben, dass Sie ein Mensch sind! Schließlich sind alle Menschen unvollkommen! Wir alle sind es. Also akzeptieren Sie das einfach.

Sehen Sie es doch mal so: Das Leben würde Ihnen keine Chancen zum Lernen und zum Leisten eines Beitrags und zu Ihrer Weiterentwicklung bieten, wenn Sie jeden Aspekt Ihres Wesens schon perfektioniert hätten. Also seien Sie nachsichtig mit sich selbst und mit anderen. Nehmen Sie die folgende einfache Affirmation. Bringen Sie sie jetzt zur Wirkung, damit Sie sich ab sofort vergeben können.

> *„Ich liebe mich mit allem Drum und Dran, vergebe mir und akzeptiere mich voll und ganz. Ich gebe mir jetzt die perfekte Fürsorge und Pflege, nach der ich mich gesehnt habe."*

Und dann gehen Sie an die Arbeit in Bezug auf Ihre Gefühle gegenüber anderen.

Wut, Vorwürfe, harte Urteile, Groll — all die nicht verziehenen Dinge, die wir in unserem Inneren mit uns herumtragen — brauen sich zusammen, sie eitern und sie verursachen unglaubliche Schmerzen. Sie sind buchstäblich giftig.

Ich habe Menschen praktisch über Nacht altern sehen, weil sie an Ihrer Verbitterung festhielten.

Ich habe Menschen Gewicht zunehmen sehen, weil sie sich von dem Kummer in ihren Herzen nährten.

Ich habe gesehen, wie Wut Menschen so fest in den Griff bekam, dass sie auf der Reise Ihres Lebens zum Stillstand kamen.

Umgekehrt habe ich aber auch gesehen, wie Vergebung diese bitteren Gefühle einfach wegschmelzen ließ. Ich habe Heilungen gesehen, wundersame Heilungen, und unaussprechliche Freude und Frieden, die in das Leben von Menschen geflossen sind, als sie ihre giftige Last abgeladen hatten.

Was mich betrifft, muss ich sagen, dass ich sogar wohl allzu leicht vergebe. Wenn ich alle Seiten eines Problems betrachte, kann ich fast jede Position rechtfertigen, auch die solcher Menschen, die mir schweres Unrecht angetan haben. Aber anderen zu vergeben bedeutet nicht, ihre Misshandlungen blind hinzunehmen. Es bedeutet auch nicht, sich selbst immer wieder in schmerzhafte Situationen zu begeben.

Ich fordere Sie nicht auf, sich alles gefallen zu lassen.

Ich sage nicht, dass Sie so ein positiver Mensch sein müssen, dass Sie in allem Negativen, das Ihnen über den Weg kommt, etwas Positives sehen müssen.

Ich sage jedoch, es ist möglich, ein Gleichgewicht zu schaffen, indem man die Verletzung feststellt, entscheidet, was zu tun ist, den Kurs korrigiert und dann die Sache sein lässt.

Ich sage, das Tolle an Vergebung ist, dass sie der Wahl die Tür weit offen lässt. In dieser Hinsicht ist sie nicht anders als jede andere Einstellung oder Weltanschauung. Sie können wählen zu vergeben. Und Sie können es tun, entweder indem Sie einfach „den Stecker herausziehen" oder indem Sie das Problem analysieren und im Detail durcharbeiten, bis Sie es abschließen.

„Einfach den Stecker herausziehen" - eine Methode der Vergebung

Wie in Kapitel 4 beschrieben, verwenden wir die Methode des „Stecker-Herausziehens", um mit Selbstgesprächen darüber aufzuhören, was uns beunruhigt. Jetzt wenden wir sie für das Vergeben an. In diesem Fall weigern Sie sich einfach stur, es den Worten oder Handlungen einer Person zu erlauben, Sie zu verletzen, Ihnen Sorgen zu bereiten, Ihnen die Zeit zu stehlen, Ihnen Energie abzuzapfen, herumzulungern und auf Sie zu lauern und den Raum in Ihrem Herzen einzunehmen, den Sie für produktive Emotionen brauchen. Den Stecker herauszuziehen funktioniert super und ist die schnellste und direkteste Methode, um zu vergeben und einen Missstand abzuschließen.

Ich rate Ihnen nicht, diese Methode zu nutzen, um Missstände nur unter den Teppich zu kehren, oder Ihre Gefühle zu unterdrücken oder ihre Existenz zu leugnen. Ich sage, Sie müssen sich des Problems völlig bewusst sein, wenn es auftritt, und Sie müssen Ihre Gefühle dazu anerkennen, bevor Sie erfolgreich den Stecker herausziehen können. Andernfalls werden Gefühle, die Sie unterdrücken, in Form von Wut, Groll, Bitterkeit, Schuldzuweisungen, Vorwürfen und so weiter hochkommen und eines Tages könnten sie zu einer Störung oder Krankheit in Ihrem Körper führen.

Demnach erfordert die Stecker-raus-Methode, dass Sie einen vollen Einblick in Ihre Gefühle haben, wenngleich Sie die Details umgehen können. Sie müssen nicht das Was, Wie und Warum der Situation analysieren oder in allen Einzelheiten verstehen. Sie müssen nicht die Verantwortung für das Ereignis übernehmen. Sie brauchen nicht einmal zu sagen, dass die Person, der Sie vergeben, Recht hat. Sie bestätigen nur das Vorhandensein des Problems und lassen es dann sein. Legen Sie es zu den Akten. Ziehen Sie den Stecker heraus. Ersetzen Sie es durch einen wichtigeren Gedanken. Eine größere Idee. Eine würdige Idee.

Eine großartige Möglichkeit, diese Methode der Vergebung abzuschließen, besteht darin, in Ihrem Herzen zu der anderen Partei zu sagen: „Ich sende dir Liebe." Auch wenn Sie keinen Sinn darin sehen, wiederholen Sie einfach die Worte: „Ich sende dir Liebe. Ich ziehe den Stecker raus. Ich sende dir Liebe."

Ho'o Pono Pono

Ich lernte eine noch stärker verkürzte Methode der Vergebung, als ich die Bestseller-Autorin Marci Shimoff interviewte. Sie erzählte mir, dass sie Wunder mit angesehen hatte, wenn Ho'o Pono Pono, eine alte Praxis der Kahuna-Priester von Hawaii, angewandt wurde. Sie besteht aus nichts weiter als zu sich selbst diese vier kurzen Sätze zu sagen und sie in Ihrem Herzen zu fühlen, wenn Sie gegenüber jemandem einen Groll hegen, einschließlich sich selbst.

„Es tut mir leid. Bitte verzeih mir. Danke. Ich liebe dich."

Wie süß ist diese Einfachheit.

Marci, erklärte, dass sie und ihre Schwester einmal einen so schlimmen Streit hatten, dass sie nicht mehr miteinander sprechen wollten. Monate später, als sie bei einer Familienfeier zum ersten Mal wieder zusammentrafen, konnten sie einander nicht einmal in die Augen sehen.

Marci ging schließlich hinaus, setzte sich in ihr Auto und praktizierte zehn Minuten lang Ho'o Pono. Sie sagte, ihr Herz sei geradezu dahingeschmolzen und sie habe großes Mitleid empfunden. Sie ging wieder hinein, ohne ein Wort zu sagen, und innerhalb von Minuten reichte ihre Schwester ihr die Hand. Marci sagte mir, dass dies eine große Veränderung in ihrer Beziehung bewirkt habe.

Drei Monate später starb ihre Mutter. Marci wurde klar, wie schrecklich es gewesen wäre, wenn sie und ihre Schwester noch zerstritten gewesen wären, als sie ins Haus ihrer Mutter zurückkehrten, um ihrem Nachlass zu regeln.

„Wenn Sie vergeben, heilen Sie Ihre eigene Wut und Ihre Verletzungen und sind fähig, der Liebe wieder die Führung zu überlassen. Es ist wie ein Frühjahrsputz für Ihr Herz."

– Marci Shimoff

ÜBUNG 5-3

Fünf Situationen, die Vergebung und einen Abschluss erfordern

Probieren Sie Ho'o Pono Pono aus. Schreiben Sie fünf Situationen auf, in Bezug auf die Sie noch etwas Groll hegen und diesen durch Vergebung für jemanden, einschließlich Ihrer selbst, ersetzen müssen. Dann wiederholen Sie für jede dieser Situationen während der nächsten 24 Stunden: „Es tut mir leid. Bitte verzeih mir. Danke. Ich liebe dich." Sehen Sie zu, wie sich der Ärger zerstreut und die Lage sich entsprechend Ihrer Absicht, sie zu heilen, verschiebt. Praktizieren Sie Ho'o Pono Pono und sehen Sie, was in Ihrem Leben auftaucht!

1. ______________________________

____

____

____

2. ______________________________

____

____

____

3. ______________________________

____

____

____

4. ______________________________

____

____

____

5. ______________________________

____

____

____

Die Vergebungsmethode „Analysieren und verarbeiten“

Beginnen Sie mit dieser Methode, indem Sie den Missstand identifizieren und in Einzelheiten zerlegen.

- Was genau ist passiert?
- Was waren die Emotionen?
- Wo genau liegt der Schmerz?
- Warum tut es weh?
- Was sagen Sie zu sich selbst darüber?
- Warum tauchen diese Fragen immer wieder auf?
- Was könnten Sie getan haben, um dies anzuziehen?
- Was hätten Sie anders machen können?
- Was können Sie daraus lernen?

Übernehmen Sie so viel Verantwortung für die Situation wie nur möglich. Dann fragen Sie sich:

- Was denken Sie, muss geschehen, um diese unerledigte Sache zu beenden?
- Möchten Sie ein Gespräch führen?
- Möchten Sie eine Entschuldigung hören?
- Möchten Sie sich entschuldigen?
- Sollten Sie einen Brief schreiben?
- Oder ist es etwas, wo Sie einfach den Stecker herausziehen können?

Bevor Sie irgendeine Maßnahme ergreifen, müssen Sie sich aus dem Griff Ihrer Emotionen befreien. Sie müssen sie zuerst in vollem Maße fühlen, um sie dann gehen lassen können. Und Sie müssen sie gehen lassen. Geben Sie sich die Erlaubnis, jede einzelne dieser Emotionen zu fühlen. Öffnen Sie Ihr Herz für alles Leben und alles, was das Leben für Sie bereithält. Lassen Sie zu, dass sich alle Versteifungen lösen. Erlauben Sie sich, wütend zu sein. Erlauben Sie sich, traurig zu sein. Vergießen Sie einige Tränen, wenn Ihnen danach ist.

Sich zu erlauben, Wut zu empfinden, bedeutet nicht, dass Sie die Erlaubnis haben, herumzutoben oder jemandem weh zu tun. Es bedeutet, dass Sie die Wut im Interesse Ihrer Gesundheit aus Ihrem System herausbekommen sollen, damit Sie sich zentriert, geerdet und in der Lage fühlen, sich auf rationale Weise einer Lösung zu nähern. Wenn Ihre Gefühle den Siedepunkt erreicht haben, übernimmt höchstwahrscheinlich Ihr Ego die Führung und Sie werden mit irgendeiner Rechtfertigung aufwarten – einer hartnäckigen Überzeugung, dass Sie im Recht sind – egal, worum es geht. Sie müssen diesen Siedepunkt überwinden, bis Sie das Ego aus dem Weg räumen können.

Manche Leute werden ihre Emotionen los, indem sie alles aufschreiben und dabei ihrer Wut freien Lauf lassen, bis die Sache vollständig verarbeitet ist. Psychologen nennen das eine „schriftliche Katharsis" und halten es für ein so effektives Bereinigungsmittel, dass sie es routinemäßig empfehlen. Dies wird ein Brief, den Sie schreiben, aber nie an die Person, der Sie vergeben wollen, senden. Er ist ausschließlich für Ihre eigene Entgiftung bestimmt, und die Methode funktioniert.

Wenn Sie sich entscheiden, die Person, der Sie vergeben wollen, zu kontaktieren, reicht vielleicht ein einfaches Telefongespräch. Wenn Sie sich entscheiden, es mit einem Brief zu tun, schreiben Sie klar auf, wie Sie das Problem wahrnehmen und fügen Sie Ihre Liebe und Vergebung hinzu.

> *„Nichts ist gut oder schlecht. Erst unser Denken macht es dazu."*
>
> *– William Shakespeare*

Wie auch immer Sie es tun, ergreifen Sie eine Maßnahme. Werden Sie Ihre Emotionen los, verzeihen Sie, machen Sie Platz in Ihrem Herzen für die guten Sachen und ziehen Sie weiter.

Und wenn Sie sich in einer Sackgasse fühlen, nachdem Sie mehrere Strategien ausprobiert haben, empfehle ich Ihnen die Arbeit von Byron Katie. Sie besteht aus vier Fragen und einer Umkehrung. Es ist es eine einfache und doch tiefgründige Methode, um Vergebung zu erreichen. Ich habe gesehen, dass Menschen, die jahrelang im Griff einer unversöhnlichen Bitterkeit gefangen waren, sie innerhalb von 20 oder 30 Minuten auf ihren Seminaren gehen ließen.

Sich selbst und andere ehren

Wenn Sie sich selbst und andere ehren und respektieren, pflegen Sie die Blumen der Liebe und des Mitgefühls. Sie blühen bunt und hell und streuen ihre fruchtbaren Samen über die unkrautverseuchten Felder der Herzverschließer. Die allgemein bekannten Namen dieser Herzverschließer sind unter anderem Selbstgerechtigkeit, vorschnelles Urteil, Schuldzuweisungen, unfaire Kritik und chronisches Sich-Beschweren.

Ehren Sie sich selbst für Ihre Gedanken, Ihre Gefühle, Ihre Antworten und Ihre Taten. Ehren Sie sich selbst, indem Sie den höchsten und besten Weg wählen; indem Sie nach dem Besten reichen, das in Ihnen ist.

Ehren Sie andere, indem Sie annehmen, dass auch sie nach dem höchsten und besten Weg streben und das Beste tun, was sie können. Denken Sie daran, dass wir alle miteinander verbunden sind. Geben Sie den Menschen einen Vertrauensvorschuss, statt sie willkürlich zu verurteilen, wenn Sie nicht alle Fakten kennen. Sie kennen nicht alle Einzelheiten ihres Lebens. Selbst wenn Sie sie kennen würden, hätten Sie kein Recht, sie zu verurteilen. Behalten Sie dieses Konzept bei jeglicher Kommunikation im Hinterkopf. Es wird auch für diejenigen, deren Leben und Verhalten auf einer niedrigeren Ebene stattfinden, fühlbar werden, und manchmal kann es sie inspirieren, sich höher zu heben. Seien Sie derjenige, der auf den höheren Ebenen lebt – und den größeren Raum hat – und Sie werden sehen, wie die Menschen letztlich in diesen Raum eintreten werden.

Sehen Sie sich diese E-Mail an, die ich einmal bekommen habe. Es geht um Mitgefühl und ich denke, dass sie alles sagt:

> *„Lieber Gott, hilf uns zu erkennen, dass die blöde Gans, die uns gestern Abend beim Autofahren geschnitten hat, eine allein erziehende Mutter war, die an diesem Tag neun Stunden gearbeitet hatte*

und nach Hause hetzte, um Abendessen zu kochen, bei Hausaufgaben zu helfen, die Wäsche zu waschen und ein paar wertvolle Minuten mit ihren Kindern zu verbringen.

Hilf uns zu erkennen, dass der desinteressierte junge Mann mit Piercings und Tätowierungen, der scheinbar nicht in der Lage ist, das richtige Wechselgeld zu geben, ein besorgter 19-jähriger Student ist, der sich Sorgen wegen seiner Abschlussprüfung macht und Angst hat, kein Studentendarlehen fürs nächste Semester zu bekommen.

Herr, wir sollten nicht den fürchterlich aussehenden Penner vergessen, der jeden Tag an der gleichen Stelle um Geld bettelt und sich lieber eine Arbeit suchen sollte, ein Sklave von Süchten und Abhängigkeiten ist, die wir uns nur in unseren schlimmsten Albträumen vorstellen können.

Hilf uns zu erkennen, dass das alte Paar, das ärgerlich langsam durch die Gänge des Supermarktes geht und uns am Vorankommen hindert, diesen Moment in dem Wissen genießt, dass dies gemäß eines Biopsie-Berichts, den sie letzte Woche bekommen haben, ihr letzter gemeinsamer Einkauf sein wird.

Lieber Gott, erinnere uns jeden Tag daran, dass von all den Gaben, die du uns gegeben hast, die größte die Liebe ist. Es genügt nicht, diese Liebe mit jenen zu teilen, die uns lieb und teuer sind, oder das Herz nur für diejenigen zu öffnen, die uns nahe sind; sie gilt der gesamten Menschheit.

Lass uns langsam sein beim Urteilen und schnell beim Verzeihen, und lass uns Geduld, Einfühlungsvermögen und Liebe zeigen. Denn die Summe unseres ganzen Lebens und das Einzige, was wirklich zählt, wenn alles gesagt und getan ist, ist, wie sehr wir geliebt haben und wie sehr wir im Gegenzug geliebt worden sind."

Und dennoch wollen manche Leute lieber Recht haben als geliebt zu werden. Von Natur aus denken wir alle, dass wir die meiste Zeit über Recht haben. Und das Bedürfnis danach, Recht zu haben, kann aus der Hand gelangen. Wenn Sie feststellen, dass Sie unbedingt Recht haben müssen und darüber ganz zornig werden, können Sie sicher sein, dass Ihr Ego die Kontrolle übernommen hat und Sie in Gefahr sind, zu selbstgerecht zu werden. Sie können von der Position aus nicht Frieden und Einheit schaffen. Sie isolieren sich dadurch nur selbst und vergeuden Ihre Energie. Carlos Castaneda schrieb über die Energie, die wir vergeuden, nur um unsere eigene Bedeutung hoch zu halten: „Sie werden sich nie selbst besser fühlen, indem Sie andere schlechter aussehen lassen."

Also passen Sie auf Ihr Bedürfnis nach dem „Recht haben“ auf. Wenn Sie die Wahl zwischen Recht-Haben und Freundlich-Sein haben, wählen Sie die Freundlichkeit.

Freundlich sein

Ich befand mich in Shavasana, der letzten Yoga-Pose, und es war eine wirklich gute Gruppenübung gewesen. Mein Herz war sehr offen und zärtlich gestimmt. Unser Lehrer sagte einfach in dieser schönen und süßen und bescheidenen Stimme: „Seid freundlich zu einander, Namaste.“

Welch einfache Worte. Ehrt einander, wenn Ihr durch den Tag geht. Seid nett zu einander. Und es fiel mir ein, wenn wir nur diese einfache Idee stets im Hinterkopf behalten könnten. Einfach in Harmonie sein und unsere Herzen für die Menschen um uns herum offen halten, wohin wir auch gehen. Die Kassiererin im Supermarkt, der Kellner im Restaurant, die Leute auf der belebten Straße oder in einem Geschäft oder am Flughafen – wo auch immer, verpassen Sie keine Chance, freundlich zu sein.

Ich lächle generell und sende Liebe durch meine Augen oder sage bei kurzen Begegnungen mit Fremden überall ein nettes Wort, gebe ein wenig Lob oder ein ernst gemeintes Kompliment. Es hilft mir, mein Herz offen zu halten, und vielleicht hilft es diesen Menschen auch ein wenig. Es ist eine weitere Möglichkeit – einfach nur so – das Leben zu feiern, Freude zu haben und Liebe und Glück auszustrahlen. Verpassen Sie nicht diese Chance. Verpassen Sie nicht diese Chance.

„Carpe Diem! Frohlocke, solange du lebst; lebe jeden Tag; lebe in vollen Zügen; mach das Beste aus dem, was du hast. Es ist später, als du denkst."

– Quintus Horatius Flaccus, aka Horace

Carpe Diem ist lateinisch für „Nutze den Tag". Nutzen Sie jede Gelegenheit, um jeden Tag jemanden glücklich zu machen. Hinterlassen Sie eine Spur von kleinen Freundlichkeiten in Ihrem Kielwasser. Lassen Sie im Supermarkt jemand in der Schlange vor. Zahlen Sie auf der Straße die Maut für den Fahrer hinter Ihnen. Wenn Sie ein Lächeln auf jemandes Gesicht zaubern und er es dankbar annimmt, wer weiß, wohin es sich von ihm aus ausbreitet. Ich meine, warum nicht? Wir sind gemeinsam in diesem Raum hier auf der Erde. Machen Sie Leute glücklich! Verpassen Sie nicht die Chance.

„Ich habe gelernt, dass Menschen vergessen, was du gesagt hast. Menschen werden vergessen, was du getan hast, aber Menschen werde nie vergessen, welches Gefühl du ihnen gegeben hast."

– Maya Angelou

Die Zähmung des Fuchses

Eines meiner Lieblingsbücher ist Der kleine Prinz des französischen Schriftstellers Antoine de Saint-Exupery. Es ist ein Kinderbuch, aber es ist gefüllt mit tiefgründigen Lektionen und schönen Analogien über Beziehungen und Themen des Lebens.

In der Geschichte entfaltet sich ein schöner Prozess, bei dem der kleine Prinz einen Fuchs zähmt. Sie werden gute Freunde, wobei sie sich an bestimmte Riten halten, und sie gewinnen allmählich gegenseitig Vertrauen zu einander.

Als für sie die Zeit kommt, getrennte Wege zu gehen und Abschied zu nehmen, ist der Fuchs sehr traurig und beginnt zu weinen. Der kleine Prinz sagt: „Komm her. Ich verrate dir ein Geheimnis. Hier ist mein Geheimnis; es ist ganz einfach. Man kann nur mit dem Herzen richtig sehen. Was wirklich wichtig ist, ist für das Auge unsichtbar."

Immer, wenn ich mich mit jemandem in einer unangenehmen Situation vorfinde, denke ich an die Zähmung des Fuchses. Ich assoziiere diese „Zähmung" mit gegenseitiger Freundlichkeit und dass man sich ein wenig Mühe gibt, das Leben anderer angenehmer zu machen. Eine solche Gelegenheit bietet sich mir jedes Mal, wenn ich nach San Diego fliege.

Meine Wohnung in San Diego ist nur so eine kurze Taxifahrt vom Flughafen entfernt, dass es sich für den Fahrer kaum lohnt. Sie brauchen längere Fahrten, denn sie müssen jedes Mal eine Gebühr bezahlen, wenn sie den Flughafen anfahren. Meine Fahrt beginnt daher immer den Worten: „Es tut mir wirklich leid!" Dann gebe ich dem Fahrer die nahe gelegene Adresse und bekomme von einem niedergeschlagenen Fahrer die Antwort: „Na ja, also gut." Wie erst letztens.

Ich hätte in dem Fall in Verteidigungshaltung gehen und etwas in dieser Art sagen können: „Ich kann genauso gut ein anderes Taxi nehmen, nicht wahr? Ich meine, was soll ich tun? Ich muss irgendwie nach Hause kommen und immerhin ist das Ihr Job oder etwa nicht?" Und dann wären wir zusammen den ganzen Weg in unbehaglicher

Stille gefahren, während unsere Energie dahingeschwunden wäre. Also beschloss ich, dass ich den Fuchs zähmen würde. Ich hatte sieben oder acht Minuten Zeit, um die Energie in diesem Taxi zu verwandeln.

Ich fragte ihn: „Wie hoch sind Ihre Flughafengebühren?" Er beantwortete die Frage und sagte dann, er hätte sich nur noch eine größere Fahrt gewünscht, damit er einen Ölwechsel bezahlen und Feierabend machen könne.

Ich verstand. Ich bemitleidete ihn ein wenig und ging dann schrittweise auf andere Themen über. Seine Familie, meine Familie, wo er herkommt und was an San Diego gefällt, und innerhalb von vier oder fünf Minuten hatten wir ein fröhliches Gespräch in Lauf gebracht. Wir lachten zusammen. Das Lachen war echt. Ich spürte geradezu, wie sich sein Herz öffnete. Meine Stimmung hob sich auch. Mit nur wenig Aufwand hatte ich den Gemütszustand dieses Fahrers völlig verändert. Ich fühlte, dass ich ihn glücklich gemacht hatte, noch bevor ich ihm das doppelte Fahrtgeld gab.

> *„Behandle ab heute jeden, dem du begegnest, als ob er bis Mitternacht tot sein würde. Gib ihm all die Fürsorge, die Freundlichkeit und das Verständnis, das du aufbringen kannst, und tu es ohne einen Gedanken an eine Belohnung. Dein Leben wird nie wieder dasselbe sein."*
>
> *– Og Mandino*

Bitten

Es gibt einen Herzöffner, von dem ich vermute, dass er den meisten Menschen besonders schwer fällt. Auch mir fiel es früher immer schwer. Es geht darum, sein Herz so weit zu öffnen, dass man auch den Mund öffnen und um das bitten kann, was man will.

Ich verbrachte viele Jahre als alleinstehende Frau, da ich so leistungsorientiert und so bereit war, Menschen anzuführen, dass ich auf gar keinen Fall an jemandes Schulter lehnen würde. Ich marschierte mit verbissener Entschlossenheit vorwärts und beriet mich nur selten mit jemandem über jede Entscheidung, die ich traf. Aber in den letzten Jahren habe ich allmählich erkannt, von welch unglaublichen Ressourcen ich umgeben bin – Menschen, die Dinge wissen und verstehen, von denen ich keine Ahnung habe. Ich habe die Bedeutung einer Mastermind-Gruppe kennengelernt und habe in den letzten Jahren sehr viel von meinen Mastermind-Gruppen profitiert. Jetzt bitte ich Menschen regelmäßig um Hilfe, Ratschläge und Meinungsäußerungen, und ich schätze ihre zusätzlichen Perspektiven.

Ich weiß jetzt, dass niemand ganz allein Riesenerfolge aufstellen kann. Wenn Ihr Herz gegenüber den Beiträgen anderer verschlossen ist und Sie niemals um etwas bitten, kann es in der Tat schwieriger für Sie sein, letztlich zu bekommen, was Sie wollen. W. Clement Stone drückte es so aus: „Wenn es etwas zu gewinnen und nichts zu verlieren gibt, wenn man um etwas bittet, dann bitte doch drum!"

Aus diesem Grund lehrt wohl der glänzende Erfolgstrainer Jack Canfield das „Bitten" in seinen Seminaren. Als ich ihn für eines meiner Telesummits interviewte, sagte er: „In meinen Seminaren lehre ich die Leute bitten, bitten, bitten und nochmals bitten." Er erklärte daraufhin: Wenn man nicht bittet, bekommt man auf keinen Fall etwas, also warum sollte man nicht um das bitten, was man will und braucht? Sie haben nichts zu verlieren.

> *„Menschen, die selbstbewusst bitten, bekommen mehr als diejenigen, die zögernd und unsicher sind. Wenn Sie herausgefunden haben, was Sie erbitten wollen, tun Sie es mit Sicherheit, Mut und Vertrauen."*
>
> *– Jack Canfield*

Also laden Sie die Menschen ein. Öffnen Sie Ihr Herz und lassen Sie die Menschen eintreten, damit Sie von dem Reichtum ihrer Erfahrung profitieren können. Sie werden überrascht sein, wie viele Menschen gerne helfen und Rat geben und sich an Ihrem kreativen Prozess beteiligen möchten. Es gibt ihnen das Gefühl, geschätzt zu werden. Es gibt ihnen ein gutes Gefühl. Es ist eine weitere Möglichkeit, Liebe zu geben und im Gegenzug Liebe zu empfangen.

> *„Alles, was du willst, wartet da draußen auf dich, dass du darum bittest. Alles, was du willst, will auch zu dir kommen. Doch du musst etwas tun, um es zu bekommen."*
>
> *– Jules Renard*

Segnen Sie es

Wollen Sie etwas so sehnlichst, dass Sie eifersüchtig werden, wenn andere es haben und Sie nicht? Sie müssen wissen, was für ein Herzverschließer es ist, wenn man sich mit anderen vergleicht. Es gibt einem ein schreckliches Gefühl und es schließt Menschen aus Ihrem Leben aus.

Der Schriftsteller und Redner T. Harv Eker lehrt, dass wenn wir etwas bei jemandem anderen sehen, was wir selbst wollen, dann müssen wir es segnen. Ich glaube, er hat Recht damit. Wenn Sie ein wunderschönes Haus wollen, seien Sie nicht neidisch auf diejenigen, die eins haben. Ärgern Sie sich nicht über sie und sagen Sie nichts Schlechtes über sie. Segnen Sie ihr Haus. Erkennen Sie es an und wenden Sie sich wieder Ihren Träumen und Sehnsüchten zu. Dies hält Ihr Herz offen, so dass Sie eine Verbindung zwischen Ihrem Geist und Ihrem Herzen herstellen können, bis Ihre Träume zur Realität werden. Noch einmal: Liebe ist alles.

Geben, um zu empfangen

Was auch immer Sie in Ihr Leben bringen möchten, müssen Sie auch geben. Wenn Sie Liebe, Verständnis, Fülle, Wertschätzung, Freude, Glück wollen, was immer es ist – Sie müssen es jemandem geben. Das bedeutet, dass man ständig jemandem etwas geben sollte, nicht wahr! Denn Sie wollen diese Dinge ja auch ständig für sich selbst, nicht wahr!

Als ich ein kleines Mädchen war, dachte ich, meine Urgroßmutter Hodell hätte ein besonderes Geheimnis. Sie war eine deutsche Einwanderin und nach normalen Maßstäben recht arm. Sie strahlte nur Liebe und Frieden, Freude und Glück aus, auch wenn sie krank war. Das musste an dieser wunderschönen gebenden Haltung liegen, die sie gegenüber anderen hatte. Ihre Art zu geben war, einen Kuchen für einen Nachbarn zu backen, wenn sie sich nicht wohl fühlte.

Wie einfach und gleichzeitig tiefsinnig. Indem sie ihre Aufmerksamkeit von sich selbst weglenkte und eine Arbeit der Liebe schuf und verschenkte, erhielt sie alles von jedem zurück, dessen Stimmung sie je gehoben hatte.

> *„Nimm dir Zeit, dir selbst zu geben, um dich bis zum Überlaufen zu füllen, damit du von der Überfülle geben kannst."*
>
> *– Dr. John Gray*

Jung denken

Mit einem offenen Herzen zu leben, erhält Sie jung. Wenn Sie einen neuen Tag beginnen, sind Sie nicht von der Vergangenheit erschöpft. Sie haben eine abenteuerliche, neugierige Haltung. Sie sehen die Welt um sich herum mit Staunen und Ehrfurcht. Nichts drückt dies deutlicher als dieses Gedicht, das ich meiner Großmutter väterlicherseits, Marjorie Christiansen, zu ihrem Lebensabend schenkte und hier zitiere:

Jugend

„Jugend ist keine Zeit des Lebens. Es ist ein Zustand des Geistes. Es ist keine Frage von roten Wangen, roten Lippen und beweglichen Knien. Es ist eine Laune des Willens, eine Eigenschaft der Phantasie, eine Kraft der Gefühle; es ist eine Frische aus den tiefen Quellen des Lebens.

Jugend bedeutet eine veranlagungsmäßige Dominanz des Mutes über Schüchternheit, der Abenteuerlust über ein bequemes Leben. Dies findet man oft bei einem Mann von fünfzig Jahren eher als bei einem Jungen von zwanzig. Niemand altert nur dadurch, dass er eine gewisse Anzahl von Jahren gelebt hat; Menschen werden alt, wenn sie ihre Ideale aufgeben.

Jahre mögen der Haut Falten geben, doch wenn man seine Begeisterung verliert, entstehen Falten auf der Seele. Sorgen, Zweifel, mangelndes Selbstvertrauen, Angst und Verzweiflung – das sind die langen, langen Jahre, die den Kopf beugen und den wachsenden Geist wieder zu Staub werden lassen.

Ob siebzig oder sechzehn, im Herzen jedes Wesens ist eine Liebe für das Wunderbare; das süße Staunen über die Sterne und sternförmige Dinge und

Gedanken; die unerschrockene Herausforderung von Ereignissen; der unfehlbare kindliche Appetit auf das, was als Nächstes kommt, und die Freude am Spiel des Lebens.

Du bist so jung wie dein Glaube, so alt wie dein Zweifel; so jung wie dein Selbstvertrauen, so alt wie deine Angst; so jung wie deine Hoffnung, so alt wie dein Verzweiflung."

– Samuel Ullman

Meine Großmutter hatte immer ein jugendliches Gemüt. Ich erinnere mich noch daran, wie vital sie in ihren goldenen Jahren mit meinen Kindern auf dem Boden tobte und mit Wasserballons spielte – und wie sie noch in ihren 90ern in diesem schönen, ehrfurchtgebietendem Zustand lebte. Ich kann mir das nur damit erklären, dass ihr tief verwurzelter Sinn fürs Wunderbare, ihr Staunen und ihre Dankbarkeit sie bis zum Ende so jugendlich erhielten.

Ich steckte das gleiche Gedicht in eine Geburtstagskarte für meine Mutter, als sie 75 wurde. Auch in ihrem Herzen ist nach wie vor „eine Liebe für das Wunderbare; das süße Staunen über die Sterne und sternförmige Dinge und Gedanken; die unerschrockene Herausforderung von Ereignissen; der unfehlbare kindliche Appetit auf das, was als Nächstes kommt, und die Freude am Spiel des Lebens". Kein Wunder, dass auch sie immer noch dieses Augenfunkeln eines jungen Mädchens hat und ein Maß an Energie, mit dem nur wenige mithalten können.

Ich bin so dankbar, dass ich mein Leben in der Gegenwart solch bemerkenswerter Frauen geführt habe.

Mit einem dankbaren Herzen leben

Leben in einem Zustand der Dankbarkeit ist vielleicht der mächtigste Herzöffner, den es gibt. Und wie Sie schon in Kapitel 1 gesehen haben, habe ich Dankbarkeit für Sie zu einem Muss erklärt.

In seinem Buch Gratefulness, the Heart of Prayer spricht Bruder David Steindl-Rast vom Herzen als von dem „ganzen Menschen" und von Dankbarkeit als „vollständige Antwort". Er sagt, dass unsere ganze Person beteiligt ist, wenn wir dankbar sind.

„Wenn wir unser innerstes Herz erreichen", schreibt er, „erreichen wir ein Reich, in dem wir nicht nur zu Hause mit uns selbst sind, sondern auch innig vereint mit anderen - mit allen anderen. Das Herz ist kein einsamer Ort. Es ist das Reich, wo Einsamkeit und Gemeinsamkeit zusammenfallen."

Er beschreibt die Dankbarkeit als volle Lebendigkeit und Lebendigkeit als das Symbol des Herzens.

Er schreibt von der Mutter, die ihren schlafenden Säugling jeden Nachmittag mit den gleichen Augen sieht, aber eines Tages sieht sie die gleiche Szene durch die Augen ihres Herzens und „ihr ganzes Herz ist voller Dankbarkeit, die so tief geht, dass man sie nicht in Worte fassen kann." Solche Momente des Herzens beinhalten ein „tiefes, alles durchdringendes, überfließendes Gefühl der Dankbarkeit" und es ist nicht das Gleiche wie eine Danksagung. Wir werden dieses Thema in Kapitel 7 weiter erkunden. Es genügt zu sagen, dass ein Leben mit einem Herzen, das dankbar für alles ist, was Sie jetzt haben, Ihnen nur mehr bringen kann, denn Ihr Herz ist offen für mehr.

> *„Das Ausdrücken von Dankbarkeit ist eine mächtige Kraft, die noch mehr von dem erzeugt, was wir bereits erhalten haben. Wenn Sie in sich selbst freien Raum schaffen, wird die Liebe ihn füllen."*
>
> *– Deepak Chopra*

ÜBUNG 5-4

Wofür ich in diesem Moment dankbar bin

Treffen Sie die Entscheidung, Ihre Dankbarkeit von hier und jetzt an zu erweitern. Stellen Sie eine Liste der Dinge auf, für die Sie dankbar sind. Nicht nur die offensichtlichen Dinge wie ein Zuhause, materielle Besitztümer und geliebte Menschen, sondern auch Geschenke der Natur, Ihre körperlichen und geistigen Fähigkeiten und alles, was Sie tendenziell als selbstverständlich betrachten mögen. Dann machen Sie es sich zur Gewohnheit, jeden Tag zurückzukehren und diese Liste jeden Tag zu lesen. Und ergänzen Sie sie im Laufe der Zeit.

____

____

KAPITEL 6

Schritt 6: Handeln Sie

„Ich denke, dass es etwas Wichtigeres gibt als Glauben. Handeln! Die Welt ist voller Träumer; es gibt nicht genug Menschen, die voranschreiten und konkrete Maßnahmen in Angriff nehmen, um ihre Vision zu verwirklichen."

– W. Clement Stone

Sie können Entscheidungen treffen, Sie können Glauben aufbauen, Sie können schöne Visualisierungen erstellen und Sie können den ganzen Tag Affirmationen aufsagen. Aber nichts wird geschehen, bis Sie handeln, stimmt's. (Nein, ich habe hier nicht das Fragezeichen vergessen. Ich brauche Sie nicht zu fragen, was Sie bereits wissen. Ich muss das Offensichtliche hinschreiben, denn es ist überaus wichtig, sich an diese wichtige Wahrheit zu erinnern.)

Handlung ist die physische Manifestation einer Absicht. Oder, um es weniger elegant auszudrücken, das ist, worauf es ankommt.

„Handlung ist das wirkliche Maß für Intelligenz."

– Napoleon Hill

Und obwohl die Sprache erst zu Ende dieses Buches auf das Handeln kommt, ist es doch das erste, was zu tun ist, nachdem Sie entschieden haben, was Ihr Ziel ist. Sie schreiten sofort zur Tat und Sie werden weiterhin jeden Tag konsequent handeln. Alle sechs Schritte werden entlang des Weges miteinander in verschiedenen Kombinationen zu unterschiedlichen Zeiten zu unterschiedlicher Musik tanzen und Sie werden dabei stets aktiv sein.

Bisher haben wir uns auf das konzentriert, was man „die Kunst der bewussten Schöpfung" nennen könnte: wie man auf eine Art träumt, die in Ihrem Geist und Herz Fundamente für sofortige, wirksame und nachhaltige Handlungen errichtet. Sehen wir jetzt mal, was nötig ist, um aufrecht auf diesen Grundlagen zu stehen und sich einen festen Stand für den Aufstieg zur Verwirklichung Ihres Traums zu schaffen.

> *„Ich war beeindruckt von der Dringlichkeit des Handelns. Wissen ist nicht genug; wir müssen es anwenden. Bereit sein ist nicht genug; wir müssen es tun."*
>
> *– Leonardo da Vinci*

DIE SECHS Ws: EINE FORMEL FÜR DAS AUFSTELLEN VON PLÄNEN

Wer, was, wo, wann, warum und wie. Das ist eine antike griechische Formel für die ganze Geschichte. Es begann als eine Möglichkeit für die Analyse von Umständen. Es entwickelte sich über die Jahrhunderte hinweg durch viele Anwendungen vom Bibelstudium über Recht und Forensik bis hin zum Schulwesen. Im Amerika des frühen 20. Jahrhunderts wurde es zu einem journalistischen Prinzip und Reporter waren gefordert, es mit äußerster Disziplin und Sachfertigkeit auszuüben. Sie mussten die Antworten auf alle sechs Ws im ersten Satz eines Zeitungsartikels unterbringen. Das werde ich von Ihnen nicht verlangen, aber da diese Formel für viele Dinge funktioniert, wollen wir sie nutzen, um Ihren Plan zu erstellen.

ÜBUNG 6-1:
Was ist Ihr Plan?

Wer sind Sie, was wollen Sie, wo wollen Sie es, wann wollen Sie es, warum wollen Sie es, und wie schlagen Sie vor es zu bekommen? Ihre Antworten sollten sich auf das eine Ziel beziehen, das Sie in Kapitel 1, Übung 1-9, gewählt haben und worauf Sie sich konzentrieren wollten. Jetzt schreiben Sie Ihre Antworten unten hin.

Wer bin ich?

In Kapitel 1 haben Sie diese besonderen Dinge über sich selbst definiert: wer Sie im Hinblick auf Ihre Werte, Ihre besonderen Talente und das zentrale Ziel Ihres Lebens sind, was Sie am besten können und wer Sie werden wollen. Schreiben Sie das hier noch einmal auf.

Wo will ich es?

Je nachdem, was Ihr Ziel ist, könnte Ihre Antwort lauten: „auf meinem Bankkonto", „auf Tahiti" usw.

Wann will ich es?

Schreiben Sie das Datum auf, das Sie bereits in Kapitel 1 festgelegt haben.

____

____

____

____

____

Warum will ich es?

Was erreichen Sie damit in Bezug auf Ihren Alltag, Ihre Werte und Ihre Lebensaufgabe? Wie profitieren Sie und andere davon? Falls Ihr Ziel Geld ist, was werden Sie damit tun? Wie werden Sie sich dabei fühlen?

____

____

____

____

____

Wie werde ich es wohl bekommen?

Fassen Sie die Handlungen zusammen, von denen Sie glauben, dass Sie sie unternehmen sollten; wem werden Sie davon erzählen; wen werden Sie wahrscheinlich um Hilfe bitten oder als Mentor heranziehen; welche Hindernisse werden Sie überwinden müssen; und was sind Sie bereit zu tun, um Raum für Ihren Traum wahr zu machen?

____

____

____

____

____

Sie haben gerade einen Plan erstellt, mit dem Sie „die ganze Sache" in aller Kürze vor sich haben. Jetzt schauen wir mal, was nötig ist, um Ihren Plan auszuführen.

DIE KUNST, ZUR TAT ZU SCHREITEN

So wie es eine Kunst ist, produktiv zu träumen, ist es auch eine Kunst, zur Tat zu schreiten, und sie basiert darauf, eine bestimmte Haltung einzunehmen, sich produktive Gewohnheiten anzueignen, zu planen, Ihre Fortschritte zu verfolgen und zu verwalten und anhaltend zu handeln.

Die fünf wichtigsten Elemente der richtigen Haltung sind:

- Mut
- Zielstrebigkeit
- Bereitschaft zu tun, was auch immer nötig ist
- Geduld
- Durchhaltevermögen

Die fünf wichtigsten Elemente für produktive Gewohnheiten sind:

- Beständigkeit
- Effizienz
- Effektivität
- Verwalten/verfolgen/messen
- Gefühl der Dringlichkeit

Angst anerkennen

Albert E.N. Gray schrieb in einem Werk mit dem Titel The Common Denominator of Success (Der gemeinsame Nenner des Erfolgs)

Folgendes: „Das Geheimnis des Erfolgs eines jeden Menschen, der schon einmal erfolgreich war, beruhte auf der Tatsache, dass er die Gewohnheit angenommen hat, Dinge tun, die Erfolglose nicht gerne tun." Vor allen Dingen gehört dazu das Heraustreten aus Ihrer Komfortzone ins Ungewisse, und Dinge zu tun, die Ihnen vielleicht Angst einjagen.

Angst stellt sich garantiert in der Minute ein, in der Sie sich entscheiden, etwas Neues und Großes in Ihrem Leben zu schaffen. Vielleicht fürchten Sie, dass Sie überhaupt nicht fähig sein werden zu handeln. Sie haben vielleicht Angst, Fehler zu machen, sich zu blamieren, dumm auszusehen oder Ihr Gesicht zu verlieren. Und natürlich werden Sie Angst vor dem Versagen haben. Ihr innerer Kritiker ist hier fleißig an der Arbeit.

Als ob Ihre eigenen natürlichen Ängste nicht ausreichen würden, gibt es auch noch die „äußeren Kritiker". Sie sind immer da, um zu „helfen". Sie werden Ihnen sagen, Sie können es nicht oder Sie sollten es nicht tun oder es sei nicht der richtige Zeitpunkt dafür oder dass man mit so etwas nie Erfolg haben kann. Was auch immer. Sie wissen nicht, was sie tun. Sie trampeln auf Ihrem Traum herum.

„Für welchen Kurs Sie sich auch immer entscheiden, es wird immer jemanden geben, der Ihnen sagt, dass er falsch ist. Es wird immer Schwierigkeiten geben, die Sie dazu verleiten zu glauben, dass Ihre Kritiker Recht haben. Ein genaues Vorgehen zu planen und es bis zum Ende durchzuführen erfordert Mut."

– Ralph Waldo Emerson

Angst ist der größte Feind des Mutes. Angst ist der größte Feind des Handelns. Angst ist lähmend.

> *„Das größte Hindernis für den Erfolg ist die Angst zu versagen."*
>
> *– Sven Goran Eriksson*

Angst tritt oft in der Verkleidung einer angeblich „notwendigen" Aktivität auf, wie etwa, dass man „sich erst vorbereiten" müsse.

Es ist eine Sache, sich gut organisiert und vorbereitet zu haben. Es ist eine andere, in einem langgezogenen Zustand des „Sich-Vorbereitens" zu verharren, ohne zur Tat zu schreiten. Die Opfer dieses Selbstbetrugs halten es für nötig, ihre Schreibtische aufzuräumen, ihre Büros einzurichten, ihre Wohnungen umzugestalten und ihre Garagen zu entrümpeln, bevor sie das tun können, was sie eigentlich tun sollten ... wenn sie es überhaupt je tun können! Sie haben das Gefühl, dass sie nicht beginnen können zu handeln und auf das wirkliche Ziel zuzugehen, bevor alles perfekt darauf „ausgerichtet" ist. Sie bereiten sich vor, bereit zu werden sich vorzubereiten. Tage und Wochen vergehen. Sie denken, sie sind aktiv, aber in Wirklichkeit warten sie nur, dass alle richtigen Umstände zusammenfallen. In den meisten Fällen bedeutet dies, dass sie Angst haben. Hat Angst Sie jemals auf diese Weise betrogen?

Gehen wir zur Überforderung über.

Überforderung kann Sie an diesem oder jedem anderen Punkt Ihrer Reise aus der Bahn werfen, aber das Gefühl, überfordert zu sein, stellt sich am stärksten ein, wenn Sie beschließen, sich weiterzuentwickeln oder in Ihrem Leben über seine aktuellen Grenzen hinwegzuschreiten.

Häufig ist die Kluft zwischen Ihrer gegenwärtigen Situation und derjenigen, die Sie erreichen wollen, so groß, dass Sie davon ausgehen, dass Ihre ersten Schritte auch groß sein müssen. Sie fühlen sich überwältigt und verfallen in Starre.

Machen Sie sich klar: Sie müssen keine großen Schritte machen. Sie müssen nicht alles auf einmal riskieren. Sie müssen sich nicht einen Riesenhaufen von Arbeit aufladen, unter dem Sie dann zusammenbrechen, weil Sie „zu viel zu tun" haben. Sie lassen sich dann von der Überforderung erdrücken und tun gar nichts mehr.

Überforderung ist nur ein Gefühl; ein Phantom; ein Psychospiel.

Sie müssen nur den ersten kleinen Schritt tun, und dann die nächsten kleinen Schritte, einen nach dem anderen. Es sind die kleinen stufenweisen Schritte, die Sie zu Ihrem Ziel bringen werden. Tun Sie lieber jeden Tag ein wenig, statt nichts zu tun, weil Sie der Überforderung erlaubt haben, Sie erstarren zu lassen. Damit lösen Sie sich aus der Falle der Überforderung.

Wie an anderer Stelle erwähnt, bin ich ein großer Fan von massiver Aktion, aber auch massive Aktion ist eine Reihe von kleinen stufenweisen Schritten in rascher Folge.

Sie haben alles in sich, um Ihre größten, kühnsten Ziele zu erreichen und Sie erzielen sie mit einem Schritt nach dem anderen. Gemäß den Worten, die oft Lao-Tzu zugeschrieben werden, beginnt eine Reise von tausend Meilen mit einem einzigen Schritt. Machen Sie ihn!

Pessimisten, Verzögerungstaktik, Überforderung – sie alle sind Gesichter der Angst – und wenn Sie es ihnen erlauben, Sie vom Handeln abzuhalten, können Sie natürlich keinen Erfolg haben. Sie müssen also bereit sein, bei so etwas den Stecker rauszuziehen, sich an Ihren Weg heranzutasten und ab und zu mal zu stolpern.

„Es ist nicht der Kritiker, der zählt: nicht der Mann, der mit dem Finger zeigt, wie der starke Mann stolpert oder wo der Macher etwas hätte besser machen können. Die Ehre gebührt dem Mann, der tatsächlich in der Arena steht, dessen Gesicht mit Staub bedeckt ist und mit Schweiß und Blut, der beherzt weiterkämpft, sich irrt und hinfällt und immer wieder auf die Beine kommt, denn es gibt keine Arbeit ohne Fehler oder Mängel; doch dieser Mann kennt die große Begeisterung, die große Hingabe, die Verehrung für den, der sich für eine gute Sache einsetzt; am Ende erfährt er im besten Fall den Triumph der Hochleistung und im schlimmsten Fall, wenn es misslingt, weiß er, dass er es zumindest gewagt hat und dass er nie neben jenen kalten und ängstlichen Seelen hausen wird, die weder Sieg noch Niederlage kennen."

– Theodore Roosevelt

Hier. Probieren Sie es mit dieser Affirmation:

Ich weiß, was zu tun ist, und ich tue es.

Die Angst überwinden

Meine Freundin und Erfolgstrainerin Lisa Jimenez sagt, Angst „gibt dir grünes Licht, um loszulegen". Der Gedanke dahinter ist: wenn Sie nicht regelmäßig etwas Angst fühlen, lümmeln Sie zu sehr in Ihrer Komfortzone herum. Angst ist die natürliche Folge einer Ausweitung Ihres Lebens. Wenn Sie also Angst fühlen, freuen Sie sich und machen Sie los!

Heißen Sie die Angst willkommen. Begrüßen Sie die Unsicherheit. Wenn Sie diese Gefühle nicht empfinden, ist Ihr Ziel nicht groß genug. Angst und Unsicherheit gehen Hand in Hand mit der Schaffung von etwas Großem. Lernen Sie, sie als natürlichen Teil der Weiterentwicklung und des inneren Wachstums zu sehen, und dann lassen Sie sie hinter sich und schreiten Sie zur Tat.

Susan Jeffers sagt in ihrem Buch Feel the Fear and Do It Anyway (Selbstvertrauen gewinnen: Die Angst vor der Angst verlieren): „Die einzige Möglichkeit, um die Angst vor einer bestimmten Handlung loszuwerden, besteht darin, hinauszugehen und es zu tun." So einfach ist das. Durch Handeln ändert sich alles.

„Handlung besiegt die Angst."

– Peter Nivio Zarlenga

Ich glaube an die sofortige, massive Aktion. Besonders bei großen Zielen. Doch jeder Grad des Handelns reicht, um die Ketten der Angst zu brechen und Sie auf Ihren Weg zu bringen. Also nicht zögern!

„Fehlerhaft zu beginnen ist besser als perfekt zu zögern."

- Autor unbekannt

Stimmt, nicht wahr? Das bringt die Sache auf den Punkt! Merken Sie sich dieses Zitat und sagen Sie es zu Ihrem inneren Kritiker, wenn er beginnt, mit allen möglichen Gründen aufzuwarten, warum Sie lieber nicht handeln sollten! Und sagen Sie es immer auf, wenn Angst arrogant in der Verkleidung des „Sich-Vorbereiten-Müssens" anmarschiert kommt.

Geben Sie sich selbst die Erlaubnis, unvollkommen zu sein. Auch wenn Ihre anfängliche Aktion schludrig ist oder in die falsche Richtung losgeht, ist es immerhin eine Tat. Sie hat mehr Energie als Untätigkeit. Und betrachten Sie Rückschläge nicht als Fehler. Sehen Sie sie als Feedback. Nehmen Sie sie in Kauf. Sie lernen doch erst, was funktioniert und was nicht.

„Alles, was wert ist, getan zu werden, ist es wert, schlecht getan zu werden, bis Sie lernen, es gut zu tun."

- Steve Brown

Wenn Sie den Schritt ins Ungewisse wagen und bereit sind, jeden Tag ein bestimmtes Maß an Taten zu vollbringen, entwickeln Sie Ihre Persönlichkeit weiter. Sie sitzen nicht nur herum und lassen sich ziellos durch bedeutungslose Tage treiben, aus denen bald Wochen und dann Monate werden. Wenn Sie etwas tun, das Ihnen Angst einjagt, hält es Sie auf Ihren Beinen. Es hält Sie im Spiel. Es lässt Sie weitersuchen. Es hält Sie jung. Na dann!

„Tu jeden Tag etwas, wovor du Angst hast."

- Eleanor Roosevelt

Machen Sie sich keine Sorgen, dass Sie versagen werden. Sorgen Sie sich darum, dass Sie eine Gelegenheit verpassen könnten, wenn Sie es nicht einmal versuchen!

Sich jeden Tag vom Hintern erheben

Nachdem Sie die Ketten der Angst durchbrochen haben und in Aktion getreten sind, müssen Sie jeden Tag weiterhin handeln. Jeder kann ein paar Schritte auf ein Ziel zugehen, aber wer täglich konsequent handelt, ist derjenige, der den Preis gewinnt.

Angenommen, Sie sind ein Bildhauer, dessen Lebensaufgabe es ist, großartige Werke aus Stein zu schaffen, die ewig bestehen bleiben. Ihr aktuelles Ziel oder ihr zentrales Ziel ist es, eine lebensgroße Skulptur eines örtlichen Helden zu meißeln, die Sie am Eröffnungstag des diesjährigen Stadtfestes Ihrer Gemeinde als Überraschungsgeschenk spenden möchten. Diese Entscheidung ist ein Versprechen an sich selbst. Um dieses Versprechen zu erfüllen, müssen Sie X Tage jeweils X Stunden pro Tag konsequent an diesem Stück Stein meißeln, bis Sie es in ein Ergebnis umgewandelt haben. Wenn Sie einen Tag auslassen, müssen Sie am nächsten Tag doppelt so viel tun, sonst verpassen Sie Ihren Termin und haben Ihr Versprechen nicht gehalten. Doch Sie ziehen es vor, Ihre Versprechen zu halten, nicht wahr.

> *„Oft geben wir uns selbst ein Versprechen - wenn wir uns etwa Ziele setzen oder zu Neujahr einen Vorsatz fassen -, die wir dann nicht halten. Die Folge ist, dass wir das Gefühl haben, dass wir uns selbst nicht ganz vertrauen können. Wenn wir uns selbst nicht vertrauen können, fällt es uns schwer, anderen zu vertrauen. Diese persönliche Inkongruenz ist oft die Quelle unseres Misstrauens gegenüber anderen. Mein Vater sagte oft, dass wir uns selbst nach unseren Absichten beurteilen und andere nach ihrem Verhalten. Deshalb ... ist eine der schnellsten Methoden zur Wiederherstellung von Vertrauen, unsere eigenen Versprechen - auch die kleinen - uns selbst und anderen gegenüber zu halten.*
>
> *- Stephen M. R. Covey*

Konsistent sein

Albert E. N. Gray verknüpfte geschickt die Gedanken des zentralen Ziels, der Entscheidung, des Versprechens und der Konsistenz in einem schönen Paket, das das spannendste Ergebnis beinhaltet, das es gibt, als er dies schrieb: „Jeder Vorsatz und jede Entscheidung, die Sie treffen, ist einfach ein Versprechen an sich selbst, das keinen Pfifferling wert ist, außer wenn Sie es sich zur Gewohnheit gemacht haben, Versprechen zu erfüllen. Sie werden nur dann die Gewohnheit erwerben, Verspechen zu machen und zu halten, wenn Sie sie gleich von Anfang an mit einem zentralen Ziel verbinden, das erreicht werden kann, wenn Sie Ihr Versprechen halten.

Anders gesagt, jeder Vorsatz und jede Entscheidung, die Sie heute treffen, muss morgen erneut getroffen werden und wieder am nächsten Tag und am übernächsten und so weiter. Und das Versprechen muss nicht nur jeden Tag erneut gemacht, sondern auch jeden Tag gehalten werden, denn wenn Sie an einem Tag verpassen, es zu machen oder es zu halten, müssen Sie ganz an den Anfang zurückgehen und wieder von vorne anfangen. Doch wenn Sie den Prozess fortsetzen und es jeden Morgen machen und es jeden Tag halten, *werden Sie eines Tages schließlich als ein neuer Mensch in einer neuen Welt aufwachen und Sie werden sich fragen, was mit Ihnen und der Welt geschehen ist, in der Sie früher gelebt haben."* (Die Kursivschrift ist von mir.)

Und so ergibt sich der Erfolg aus vielen kleinen Schritten, die einen großen Unterschied bewirken. Ein kleiner Schritt jeden Tag kann für alle Ihre morgigen Tage den Unterschied bewirken. Unterschätzen Sie nicht den Wert der kleinen stufenweisen Gewinne, die sich im Laufe der Zeit ansammeln. Und übrigens, halten Sie sich von der Alles-oder-Nichts-Mentalität fern, denn wenn Sie nicht die kleinen Fortschritte schätzen können, werden Sie letztendlich überhaupt nichts mehr tun.

Ihre Fortschritte werden anfangs möglicherweise enorm viel Anstrengung erfordern. Es könnte sich sogar das Gefühl einstellen, als ob Sie eine Abwärts-Rolltreppe hinunterlaufen. Wenn Sie Platz für etwas Neues in Ihrem Leben schaffen, wird es Wachstumsschmerzen geben. Aber Sie lernen auch, was zu tun ist und was Sie besser nicht tun sollten; Sie wissen, welche Schritte zu wiederholen sich lohnen; und Sie entwickeln Ihre Kraft und Ihre Fertigkeiten weiter.

Ohne Konsistenz gibt es keinen Preis.

Momentum aufbauen

Wenn Sie jeden Tag konsequent Taten setzen, werden Sie beginnen, Zwischenergebnisse auf Ihrem Weg zum Ziel zu sehen. Das ist der Zeitpunkt, wenn sich auf quasi magische Weise diese schöne Sache namens „Momentum" aufbaut. Die Aufwärts-Rolltreppe wird zu einer Abfahrtsrutsche. Das Hinunterrutschen erscheint Ihnen ganz natürlich und macht Spaß! Leichtigkeit und Freude werden schließlich Teil des Prozesses. Kenntnisse oder Fähigkeiten, die Ihnen am Anfang gefehlt haben, sind Ihnen in Fleisch und Blut übergegangen. Seien Sie geduldig.

> *„Große Taten setzen sich aus kleinen Handlungen zusammen."*
>
> *- Lao Tzu*

Sobald Sie losmarschiert sind und das Momentum auf Ihrer Seite haben, beginnen oft ohne Ihr Zutun Dinge zu geschehen. Manche davon sind glückliche Zufälle; Dinge, die wohl geschehen mussten. Manche sehen vielleicht aus wie Missgeschicke, kehren sich aber durch Zufall im Laufe der Zeit in positive Ergebnisse um.

„Inspiriert" handeln

Sehen wir uns den Unterschied zwischen „Handlung" und einer „inspirierten Handlung" an.

„Handlungen" sind natürlich die praktischen Dinge, die jeden Tag auf der To-Do-Liste stehen.

„Inspirierte Handlungen" sind diese kleinen Geistesblitze oder Einfälle, die aus Gründen, die Sie nicht sofort verstehen, aus dem „Nichts" zu kommen scheinen. Zum Beispiel sagt Ihnen irgendetwas, dass Sie Sarah anrufen sollen. Sie haben mit ihr seit zwei Jahren nicht mehr gesprochen.

Wichtig an solchen „Inspirationen" ist, dass Sie sofort auf sie reagieren und handeln müssen. Sie halten nur kurz an; es gibt nur ein kleines Zeitfenster, bis ihr versteckter Zweck hinfällig wird. Fragen Sie mich nicht warum. Niemand weiß warum. Es ist einfach der perfekte Zeitpunkt, um Sarah anzurufen. Hören Sie auf mit dem, was Sie gerade tun, und rufen Sie Sarah an, bevor sich das Fenster schließt.

Und zerbrechen Sie sich nicht den Kopf, warum Ihnen diese Inspiration gekommen ist. Wenn Sie nicht wissen, warum, dann ist der tiefere Zweck neben „wieder Kontakt aufnehmen" zunächst versteckt. Also analysieren Sie nicht. Folgen Sie einfach Ihrer Intuition. Man weiß nie, wohin das führen wird. Es könnte sich für Sie ein unerwarteter Nutzen daraus ergeben. Vielleicht tauchen Sie in Sarahs Leben gerade in einem Moment auf, in dem sie Ihr einzigartiges Wissen über etwas braucht. Oder vielleicht weiß sie, wie ein Problem gelöst werden kann, das Ihnen Sorgen bereitet hat. (Oder, Gott behüte, vielleicht ist sie gerade hingefallen und kann nicht mehr aufstehen! Schnell, rufen Sie die Rettung!) All das sind einfach Glücksfälle.

Inspirierte Handlungen und die Erfahrungen, die man mit ihnen macht, beginnen in der Regel als eine Sammlung von scheinbar getrennten Ereignissen und stellen sich später als ein völlig logisches Gewebe von vorteilhaften Ergebnissen heraus – die alle jenseits unserer Kontrolle oder unseres Verständnisses sind. Das Gleiche gilt für unerwartete Ereignisse, die auf den ersten Blick katastrophal erscheinen mögen, wenn sie auftreten, dann aber zu „schicksalhaften" günstigen Ergebnissen führen, die vorher niemand für möglich gehalten hat.

Die Geschichte von „Vielleicht ja, vielleicht nein" ist ein überzeugendes Beispiel dafür, wie nutzlos es ist, die Bedeutung von Dingen, die wir einfach nicht verstehen, vorab beurteilen oder eingehend analysieren zu wollen.

In der Geschichte „Vielleicht ja, vielleicht nein" lief das einzige Pferd eines Bauern weg. An diesem Abend kamen die Nachbarn rüber, um ihr Mitleid auszusprechen. „So ein Pech! Deine Farm wird leiden, wenn du nicht pflügen kannst", sagten sie. „Sicherlich ist das eine schreckliche Sache, was dir da geschehen ist."

„Vielleicht ja, vielleicht nein", sagte der Bauer.

Am nächsten Tag kam das Pferd zurück und brachte sechs Wildpferde mit. Nun kamen die Nachbarn, um dem Bauern zu gratulieren und seinen Reichtum zu bestaunen. „Du bist jetzt reicher als zuvor", sagten sie. „Am Ende hat sich das als eine gute Sache für dich erwiesen."

„Vielleicht ja, vielleicht nein", sagte der Bauer.

Am nächsten Tag versuchte sein Sohn, eines der wilden Pferde zu satteln und zu reiten. Er wurde abgeworfen und brach sein Bein, sodass er nicht mehr auf der Farm arbeiten konnte. Wieder kamen die

Nachbarn mit ihrem Mitleid. „Jetzt hast du mehr Arbeit als du schaffen kannst, armer Bauer! Was wirst du tun? Das wird dich in Armut und Unglück treiben. Das ist schrecklich!“

„Vielleicht ja, vielleicht nein“, sagte der Bauer.

Am nächsten Tag kamen Armeeoffiziere ins Dorf, um junge Männer für die Armee einzuziehen, aber den Sohn des Bauern nahmen sie wegen seines gebrochenen Beins nicht mit. Als die Nachbarn wiederum kamen, sagten Sie: „Was für ein Glück du hast! Schließlich stellt sich für dich alles als gut heraus! Die meisten jungen Männer werden möglicherweise nicht lebendig aus dem Krieg zurückkommen. Das ist sicherlich dein größtes Glück.“

„Vielleicht ja, vielleicht nein“, sagte der Bauer.

Also urteilen Sie nicht. Die Geschichte ist noch nicht zu Ende. Wir müssen uns vor Urteilen zurückhalten, denn wir wissen nie, welche unerwünschten Umstände zu wünschenswerten Ergebnissen führen können.

Vielleicht erinnern Sie sich an etwas in Ihrem Leben, wo sich eine scheinbare Katastrophe als ein Segen herausstellte und Sie völlig erstaunt sagten: „Jetzt weiß ich, warum das alles so gelaufen ist! Es musste einfach geschehen, sonst wäre diese wunderbare Sache nie möglich geworden!“ Ich wette, so etwas ist Ihnen auch schon passiert, und ich Wette, dass es wieder passieren wird.

ÜBUNG 6-2

Die versteckten Geschenke finden

Nehmen Sie sich einen Moment Zeit und denken Sie über eine vergangene Situation nach, die so verheerend schien, dass Sie nichts Positives daran sehen konnten. Sie konnten damals nicht einmal das Licht am Ende des Tunnels sehen. Es stellte Ihre Welt auf den Kopf. Sehen Sie rückblickend, ob Sie jetzt ein Geschenk oder ein positives Ergebnis erkennen können, das schließlich als Ergebnis eingetreten ist. Machen Sie sich zur Gewohnheit, dies zu tun. Fast immer gibt es versteckte Geschenke, die wir nicht sehen können, wenn wir in der Patsche stecken. Was war die Situation und was war das verborgene Geschenk?

____

____

____

____

____

____

Was soll man zuerst tun?

Diese Frage bezieht sich auf zwei Phasen des Handelns. Zunächst gibt es die Handlung, die Sie unmittelbar nach Ihrer Entscheidung für Ihr Ziel ausüben. Dann gibt es den ersten Schritt, den Sie aus Ihrer To-Do-Liste auswählen, die dafür sorgt, dass Sie jeden Tag konsequent etwas tun.

Für den Schritt „Sofortmaßnahmen" fangen Sie einfach an, wo Sie jetzt sind, mit Ihrem jetzigen Wissen, und geben Sie alles, was Sie haben. Der Rest wird kommen, während Sie voranschreiten. Sie brauchen nicht alle Antworten im Voraus, um zu beginnen.

„Was auch immer du tun kannst oder dir in deinen Träumen vorstellen kannst zu tun, fang damit an. Kühnheit trägt Genie, Kraft und Zauber in sich."

– Johann Wolfgang von Goethe

Egal wie groß und erhaben mein Traum, ich hatte noch nie eine Situation, wo ich nicht mit mindestens einem Handlungsschritt aufwarten konnte, um anzufangen, auch wenn es vielleicht nur ein Gespräch mit jemandem war, der schon Erfahrung damit hatte. Und dann habe ich auf den Rat dieses Menschen hin gehandelt. Ich bin sicher, das Gleiche gilt auch für Sie. Ich glaube, wenn die Entscheidung, die Sie hinsichtlich Ihres Ziels getroffen haben, eine Qualitätsentscheidung war, dann wird es Ihnen keine Probleme bereiten zu erkennen, was zuerst zu tun ist, und dann werden Sie es auch sofort tun.

Hinsichtlich Ihrer täglichen Liste von Handlungen beginnen Sie entweder mit den schwierigsten oder mit den wertvollsten. Vielleicht sind es ein und dieselben. Definieren wir sie so:

- Die „wertvollste" Handlung ist diejenige, die sich am meisten rentiert;
- die „schwierigste" ist die größte, schwerste, furchterregendste von allen.

Wählen Sie diejenige, bei der Sie erst mal schlucken müssen. Die schwere Aufgabe, die die meisten Menschen aufschieben. „Ich muss das tun, wenn ich mehr Zeit habe." Wenn man die schweren Aufgaben aufschiebt, baut sich nur immer mehr Angst auf, wenn man an den Moment denkt, wenn man es endlich tun muss. Machen Sie es sich nicht unnötig schwer. Stürzen Sie sich in die Sache rein. Nehmen Sie es in Angriff. Natürlich bringt es Sie in die Gefahrenzone. Doch das gibt den Ton für das weitere Vorgehen an. Sie werden sich danach gut fühlen und zuversichtlich und selbstsicher sein, und Sie werden die sinnvollsten Fortschritte machen.

WICHTIGE REGELMÄSSIGE GEWOHNHEITEN

Motivieren Sie sich

Sie können sich nicht darauf verlassen, dass jemand anderes Sie motivieren wird. Ihre Motivation muss tief aus Ihrem Inneren kommen. Es ist ein Produkt dessen, wie Sie sich bei dem fühlen, was Sie tun. Es zieht seine Stärke aus Ihrem ständigen Bewusstsein Ihres zentralen Zieles, Ihrer Leidenschaft für Ihr Ziel, Ihrer Entschlossenheit, es zu erreichen, und Ihrem Gelübde, Ihre Versprechen zu halten. Wenn Sie es sich zur Gewohnheit machen, sich selbst und jede Ihrer Bewegungen als zielorientiert statt aufgabenorientiert zu sehen, werden Sie motiviert bleiben und alle Ihre Aufgaben genießen.

> *„Motivation lässt Sie starten. Gewohnheiten lassen Sie weitermachen."*
>
> *- Jim Rohn*

Sagen Sie einfach nein

Wenn Sie etwas Neues erstellen, müssen Sie dafür Platz haben, und ich meine damit nicht die Entrümpelung Ihrer Garage! Entrümpeln Sie Ihren mentalen, emotionalen und zeitlichen Raum von Dingen, die Ihnen nicht mehr dienen. Einige Dinge mögen vielleicht „gut" sein, aber Sie sind ihnen entwachsen, ohne es zu merken. Werden Sie das „Gute" los, damit Sie Platz für das „Beste" gewinnen.

ÜBUNG 6-3

Von jetzt an sage ich nein dazu

Was passt Ihnen nicht mehr, kann Sie nicht mehr begeistern und resoniert nicht mehr mit Ihnen? Listen Sie hier alles auf, was Ihnen einfällt.

____

____

____

____

____

____

Führen Sie eine Morgenübung ein

Widmen Sie die ersten wachen Momente eines jeden neuen Tages der persönlichen Bereicherung. Führen Sie eine regelmäßige Morgenübung ein, bei der Sie inspirierendes Material studieren, meditieren oder beten, Affirmationen sprechen und Tagebücher führen.

- Verbinden Sie sich immer wieder mit Ihrem zentralen Ziel
- Stellen Sie Ihre Vision wieder her und erweitern Sie sie
- Lesen und wiederholen Sie Ihre Affirmationen

Nutzen Sie Ihren Kalender, um Schritt mit sich selbst zu halten

Nutzen Sie Ihren Kalender für mehr als die üblichen Einträge. Hier ist ein Beispiel.

Nehmen wir an, Sie haben sich bei einer Schulungs-oder Weiterbildungsveranstaltung angemeldet. Haben Sie abgesichert, dass Sie das Beste aus der Investition von Zeit und Geld machen? Das heißt, wird Ihr Geist bei der Ankunft unbeschwert und offen für die neuen Informationen sein? Oder kommen Sie in der Regel kreischend auf einem Reifen fahrend an und nutzen das Getriebe, um noch in letzter Minute einige andere Aktivitäten zurecht zu schieben? Und nachdem das Ereignis vorbei ist, tun Sie etwas mit dem, was Sie gelernt haben?

Einen Kalender zu führen ist für mich die Antwort. Wenn ich eine Veranstaltung in meinen Kalender eintrage, blockiere ich auch etwas mehr Zeit um die Veranstaltung herum. Zuerst plane ich mindestens 30 Minuten vor der Veranstaltung ein, um mich ruhig hinzusetzen und mich geistig darauf vorzubereiten. Ich schließe alle Ablenkungen aus und konzentriere mich auf meine Absicht, dort zu sein. Was will ich von dieser Veranstaltung mitnehmen?

Zur gleichen Zeit plane ich auch mindestens ein paar Stunden möglichst bald nach der Veranstaltung ein, um zu überprüfen, was ich gelernt habe und was ich als Nächstes tun muss, um es in die Praxis umzusetzen. Ich habe bei der Veranstaltung sehr gute Notizen gemacht und einen dreifachen Stern neben jeden Handlungspunkt gesetzt. Wenn ich mich für meine vorab geplante Rezension hinsetze, sehe ich Handlungspunkte sofort und trage sie in meinen Kalender ein.

Auf diese Weise erledige ich wirklich alles. Die Ausrede „vielleicht werde ich morgen dafür Zeit haben" zieht nicht mehr. Wenn etwas in meinen Kalender eingetragen wird, ist es so gut wie geschafft. Wenn nicht, dann wahrscheinlich nicht.

Jede Bewegung und jeder Moment zählt

Denken Sie an jede Bewegung, die Sie vornehmen können, um Ihre Effizienz und Produktivität zu erhöhen. Dazu gehören:

- die Bemühungen der anderen als Hebel nutzen, indem Sie bestimmte Tätigkeiten delegieren;
- Hauptaktivitäten in den Hauptzeiten ausführen.

Tun Sie die wichtigsten Dinge, wenn Sie am frischesten sind. Von diesen Aufgaben bewältigen Sie die schwerste zuerst. Wenn Sie diese Punkte aus Ihrer To-Do-Liste streichen, wird es nicht nur Ihren täglichen Fortschritt beschleunigen; es wird auch Ihr Momentum und Ihre Moral steigern.

„Der Schlüssel liegt darin, nicht das zu priorisieren, was auf Ihrem Terminplan steht, sondern Ihre Prioritäten zu planen."

– Stephen R. Covey

Verfolgen Sie Ihre Fortschritte

Wenngleich dies freilich kein Buch über Geschäftsaufbau oder Zeitmanagement ist, und selbst wenn Ihr Traum gar nichts mit dem Aufbau eines Unternehmens zu tun hat, empfehle ich, dass Sie Ihren gesamten Zielerreichungsprozess so angehen, als handelte es sich um ein Geschäft. Demnach würden Ihre Produktivitätsgewohnheiten eine kontinuierliche Verwaltung Ihrer Aktivitäten und die Messung Ihrer Fortschritte in einer Weise beinhalten, die Ihnen zeigt, was Sie tun oder nicht tun sollen, um Ihr Ergebnis zu erzielen.

Führen Sie ein Tagebuch oder erstellen Sie eine Excel-Tabelle oder was auch immer Sie brauchen, um kontinuierlich zu verfolgen, was sich zu Diensten Ihrer Lebensaufgabe tut. Sie haben sich ein bestimmtes Ziel vorgenommen und eine bestimmte Frist für seine Erreichung gesetzt. Dokumentieren Sie die Handlungsschritte, die Sie gemacht haben. Sie haben Sie so weit gebracht und haben zu diesem konkreten Ergebnis geführt. Sie müssen noch so viel weiter gehen. Sie müssen also mehr davon und weniger davon oder zehn Mal so viel von etwas anderem tun. Haben Sie immer ein klares Bild davon, wo Sie stehen und was Sie tun müssen, um Ihr Versprechen zu halten.

Halten Sie ein konstantes Gefühl der Dringlichkeit aufrecht

Oh, Sie haben so wenig Zeit, um Ihre Lebensaufgabe zu erfüllen, um diese Welt ein wenig besser zu machen und um absolut alles zu bekommen, was Sie wollen!

> *„Beeilen Sie sich! Die Gezeiten des Schicksals werden bald verebben."*
>
> *- Silius Italicus*

Der römische Redner und lateinische Dichter aus dem ersten Jahrhundert nach Christi schrieb dies in seinem Gedicht „Punica", das 12.000 Zeilen hat, irgendwann zwischen dem Jahr 83 und 103. Seither hat sich nichts an der Notwendigkeit der Zielsuchenden, ein ständiges Gefühl der Dringlichkeit aufrecht zu erhalten, geändert.

Wenn Sie wirklich wollen, was Sie sagen, dass Sie wollen, müssen Sie alles als dringlich betrachten und Dringlichkeit als alles. Vom Durchbruch der Angst-Barrieren über das sofortige Handeln in derselben Minute, in der Sie Ihr Ziel erkennen, bis hin zu dem, was Sie jeden Tag in Richtung der Zielerreichung tun - Dringlichkeit ist alles.

> *„Ich erkenne immer wieder die Macht an, die Menschen haben, um praktisch alles in ihrem Leben in einem Augenblick zu ändern. Ich habe gelernt, dass die Ressourcen, die wir brauchen, um unsere Träume in die Realität umzusetzen, in uns selber liegen und*

nur auf den Tag warten, wann wir aufwachen und unser Geburtsrecht behaupten."

- Anthony Robbins

Wie tiefgründig. Das ist kein Quatsch. Tony Robbins hat Millionen gecoacht und hat unzählige Demonstrationen dieser Tatsache gesehen: „Die Macht ist in dir." Die Ressourcen sind in Ihnen! Es gibt also keinen Grund zu warten! Und es ist dringend! Krempeln Sie die Ärmel hoch, tun Sie, was auch immer nötig ist, und halten Sie durch.

Was auch immer nötig ist, tun Sie es

Sie müssen sich an der Startlinie sicher sein, dass Sie bereit sind, die Mühe auf sich zu nehmen, und dass Sie bereit sind zu tun, was auch immer nötig ist, um Ihr Versprechen zu halten.

In den frühen Tagen meines Geschäftsaufbaus bestand meine Einstellung, alles Nötige zu tun, darin, sehr weite Strecken zu fahren, um Präsentationen zu geben, weil ich es mir nicht leisten konnte zu fliegen, und in meinem Auto schlafen, weil ich mir keine Hotels leisten konnte. Und mein Opfer war, dass ich meine kleinen Kinder zurücklassen musste.

Als mich eine Interviewerin einmal fragte „wie haben Sie sich dabei gefühlt ... damals, als Sie in Ihrem Auto schliefen und sich in Tankstellen-Toiletten umzogen" wusste ich, woraus sie hinauswollte. Nein, ich fühle mich nicht entrechtet. Nein, ich fühlte mich nicht als Opfer. Ich habe nicht einen Gedanken an so etwas verschwendet. Es war einfach etwas, das getan werden musste. Ich war so auf die Ziellinie konzentriert, dass mein persönlicher Komfort zu keinem Zeitpunkt ein Thema war.

Ich war bereit, jede Entfernung zu fahren, um eine Präsentation zu geben. Von Utah nach Kalifornien, Arizona, Nevada, New Mexico und Kentucky - überall rollte ich in meinem kleinen Subaru-Kombi hin. Was auch immer nötig war, ich würde dort sein. Ich kam voller Begeisterung und Überzeugung an und sagte: „Schließt euch mir an. Wir werden Millionäre werden!“ Und manchmal fand ich ein Publikum von zwei Personen statt des vollen Hauses vor mir, das mir versprochen wurde. Einmal fuhr ich fast drei Stunden und fand ein Publikum von null Personen vor.

Das größte Opfer war jedoch der Verlust von Zeit mit meinen Kindern. Eines Abends gab ich Ihnen wie immer Ihre Gute-Nacht-Küsse, überließ sie mit einem Babysitter und fuhr das Auto aus der Garage, um eine Präsentation zu geben, und da sah ich den kleinen dreijährigen Todd mit bloßen Füßen und in Pyjamas aus dem Haus laufen.

„Mami geht nicht weg! Mami geht nicht!“ rief er.

Ich hielt an und stieg aus und schloss ihn in die Arme, gerade lange genug, um mich zu fassen, damit ich sprechen konnte. „Hej Todd, geh hinein und sei ein großer Junge, und ich verspreche dir, ich verspreche dir, eines Tages nehme ich dich überallhin mit, wohin ich gehe!“ Aber in jenem Augenblick hatte ich keine Ahnung, wie ich dieses Versprechen jemals erfüllen würde.

Er weinte so heftig, dass er gar nicht merkte, dass ich auch weinte.

Das Letzte, was ich wollte, war, diese Kinder wegen eines Treffens zu verlassen, wo man nicht wusste, ob überhaupt jemand hinkommen würde, wie viele Leute wohl dort sein würden und ob sich überhaupt jemand mir anschließen würde. Meine Einstellung, alles Nötige zu tun, wurde zutiefst in Frage gestellt, aber ich musste weitermachen und ich würde weitermachen. In jener Nacht führte ich eine jener Handlungen aus, die für mich „an Messers Schneide" standen.

Handlungen „auf Messers Schneide"

Dies ist jene zusätzliche Handlung, die Sie ausführen, wenn Sie das Gefühl haben, dass Sie keinen Schritt mehr weiter gehen können. Es ist die Familie, die Sie zu Hause lassen, wenn Sie auf Geschäftsreise gehen müssen. Es ist dieser zusätzliche Anruf, den Sie noch machen, wenn Sie bereits Ihr Pensum übererfüllt haben. Es ist die letzte Sache auf Ihrer heutigen To Do-Liste – die eine Sache, die Sie lieber morgen oder am liebsten überhaupt nicht tun möchten. Es ist diese Disziplin ... diese Weigerung aufzugeben ... der Preis, den man zahlt ... die zusätzliche paar Prozent, die Sie fast nicht mehr geben wollten, als Sie vor einer Goldader angelangt waren, die Sie damit endlich freilegten!

Ich zahlte den Preis und wurde tausendfach belohnt, als der Tag kam, an dem ich das Versprechen halten konnte, das ich dem kleinen Todd in seinem Pyjama in der Nacht auf dem Gehweg vor unserem Haus gegeben hatte. Seit jenen Tagen war ich in der Lage, alle meine vier Kinder überallhin mitzunehmen! West- und Osteuropa, Ägypten, China, Asien, Südostasien, Fidschi, Australien, Neuseeland, Mexiko, Alaska und mehr.

Dennoch gibt es eine noch größere Belohnung als das Geld und die persönliche Freiheit, die ich dafür bekam, dass ich den Preis gezahlt hatte. Wenn Sie mich fragen, was die wichtigste Sache war, die ich aus all den Was-auch-immer-nötig-ist-Aktionen und Handlungen an Messers Schneide gewonnen habe, dann ist es das, was dabei aus mir geworden ist. Das ist enorm im Vergleich zu den Preis. Das ist die Rendite, die Sie auf Ihre Investition erhalten. Das ist die Belohnung, die Ihnen auf Dauer bleibt.

Wenn Sie sich selbst dazu anhalten, ungeachtet des Preises etwas Großes zu tun, und wenn Sie ungeachtet der Schmerzen die Mühe auf sich nehmen, dann baut dies ein Selbstvertrauen auf, das zentral für das ist, was aus Ihnen wird. Das innere Wissen, dass Sie Ihre Versprechen gehalten haben und dass Sie auf sich selbst zählen können, wenn es ums Durchhalten geht, wird für immer bei Ihnen bleiben. Wer Sie werden ist eine tiefgreifende und unbezahlbare Ressource, auf die Sie immer zurückgreifen können, um Ihren anhaltenden Erfolg zu unterstützen.

Beachten Sie das Gesetz vom Säen und Ernten

Das Gesetz vom Säen und Ernten besagt: „Es gibt eine Zeit für das Säen und eine Zeit für die Ernte, und es ist nicht in der gleichen Jahreszeit." Merken Sie sich das auf Ihrem gesamten Weg. Wann immer Sie sich ungeduldig fühlen, wann immer Ihnen Ihr Fortschritt zu langsam erscheint, wenn Sie glauben, Sie haben alles getan, was Sie tun konnten, und die Ernte würde nie kommen, dann erinnern Sie sich daran: Sie können nichts weiter tun als weiterhin zu pflanzen. Sie können nicht wissen, welche Samen Früchte tragen werden, wie viele Samen Sie pflanzen müssen, wann die Erntezeit kommen wird oder woher Sie kommen wird.

Verlassen Sie sich darauf: Die Ernte wird der Pflanzung entsprechen. Sie müssen nur weiterhin pflanzen – ohne die heutigen Ergebnisse und Erträge zu zählen – bis die Erntezeit kommt.

Ich pflanzte noch lange weiter, nachdem ich meine erste Million gemacht hatte. Das war nur ein Zwischenziel auf dem Weg. Ein Samenkorn, das ich in New York City gepflanzt hatte, produzierte eine Ernte, die über alles hinausging, was ich mir jemals hätte vorstellen können. In der Tat erwartete ich mir dort überhaupt keine Ernte.

Ich wurde gebeten, meine Geschäftsgelegenheit einem recht großen Publikum zu präsentieren. Ich flog wenige Stunden vor dem Treffen ein, so dass genügend Zeit blieb, um ein Taxi zu nehmen, aber der Fahrer verirrte sich unterwegs. Ich kam 30 Minuten zu spät an und fand eine gereizte Menschenmenge vor, die sich in einem heißen, stickigen Raum Luft zufächerte.

In der Überzeugung, dass dieses Publikum nicht gerettet werden konnte, hielt ich die Präsentation kurz und stellte mich danach für Fragen zur Verfügung.

Ein russischer Herr kam auf mich zu und sagte mit einem starken Akzent: „Ich wollen das nehmen nach Russland."

Ich hatte in meiner Karriere einen Punkt erreicht, wo ich nicht mehr daran glaubte, was die Leute so sagten. Ich wartete nun auf ihre Handlungen. Also klopfte ich ihm auf die Schulter und sagte: „Toll! Tun Sie das! Lassen Sie mich wissen, wenn ich Ihnen helfen kann!"

Innerhalb weniger Monaten begannen mir bestimmte Namen auf meiner monatlichen Übersicht der Teammitglieder aufzufallen:

Svetlana, Igor, Pisarevsky, Valentin – ganze Seiten voller solcher Namen. Und jeden Monat kamen mehr und mehr Seiten dazu. Bald verdiente ich mehr als 30.000 Dollar pro Monat mehr als vor jener Präsentation in New York!

Jetzt wusste ich, dass sich mein Geschäft über ganz Eurasien ausgebreitet hatte. Ich hatte die Teammitglieder in der Ukraine, in Kasachstan, der Republik Georgien, Lettland, Usbekistan und Sibirien. Schließlich entschied ich mich, den vollen Ausdruck der Teammitglieder zu bestellen, damit ich das ganze Bild sehen konnte.

Der Bericht kam in einem großen Paket. Er war auf dieser alten Art von grünweißem Computerpapier gedruckt, das wie eine Ziehharmonika gefaltet war und je 50 Namen zwischen den Perforierungen hatte. Ich nahm es aus der Box, legte es auf meinem Schreibtisch und es stand an die 30 cm hoch da. Eine halbe Million russischer Vertriebspartner waren in meinem Marketingteam! Ich hatte ein Samenkorn in New York gepflanzt und es hatte sich ungeheuerlich in Eurasien multipliziert.

Wie hätte ich mir ein solches Ergebnis während jener Tage des Säens auch nur vorstellen können, wo ich so viele Samen pflanzte, die nie aufgingen. All jene Treffen, zu denen kaum jemand oder überhaupt niemand kam – im Vergleich zu dieser Veranstaltung – war das nicht wie in der Geschichte mit dem chinesischen Bambus?

Man sagt, es gibt einen Bambusbaum in China, der in den ersten fünf Jahren trotz ständiger Pflege und Düngung kein Zeichen von Wachstum zeigt. Aber Vorsicht im fünften Jahr! Plötzlich beginnt er, bis zu einen Meter pro Tag in die Höhe zu schießen und bald erreicht er eine Höhe von 10 Metern und mehr. Doch er wäre keinen Zentimeter gewachsen, wenn er in den ersten fünf Jahren vernachlässigt worden wäre.

Es gibt eine Zeit des Säens und eine Zeit der Ernte, und sie sind nicht in der gleichen Jahreszeit. Wer stetig weiterpflanzt und seine Pflanzen pflegt und konsequent tut, was nötig ist, wird die Erntezeit erleben. Es ist ein Naturgesetz des Universums. Die Ernte gehört den Ausdauernden.

> *„Solange wir in unserem Streben nach unserem wahren Schicksal beständig sind, werden wir weiterhin wachsen. Wir können nicht den Tag oder die Zeit wählen, wann wir voll erblühen. Es passiert in seiner eigenen Zeit."*
>
> *– Denis Waitley*

Immer weitermachen

Wenn Sie eine Handlung ausführen, erfahren Sie, ob es funktioniert oder nicht. Wenn es nicht funktioniert, betrachten sie es nicht als gescheitert. Betrachten Sie es als Feedback. Und ja, ich habe das schon eher gesagt. Denken Sie überhaupt nicht an Erfolg oder Misserfolg. Denken Sie daran, sich ständig vorwärts zu bewegen und nutzen Sie, was auch immer funktioniert. Denken Sie daran, dass Thomas Edison 10.000 Mal „ein Feedback bekam", bevor er die Glühbirne perfektionierte. Er weigerte sich einfach aufzugeben.

„Nichts auf der Welt kann Beharrlichkeit ersetzen. Talent wird es nicht tun; nichts ist häufiger als erfolglose Menschen mit Talent. Genie wird es nicht tun; das unbelohnte Genie ist fast ein Sprichwort. Bildung kann es nicht; die Welt ist voller gebildeter Obdachloser. Beharrlichkeit und Entschlossenheit allein sind allmächtig. Das Motto „Immer weitermachen" hat schon immer die Probleme der Menschheit gelöst und wird es weiterhin tun."

- Präsident Calvin Coolidge

Durch immer Weitermachen brachte Thomas Edison schließlich die Welt aus der Finsternis.

Durch immer Weitermachen haben Zehntausende von amerikanischen Bürgern die Mittel entwickelt, um das Band der Erdanziehung zu durchbrechen und die ersten Menschen zu unserem Mond zu schicken und sie sicher wieder zurückzubringen.

Durch immer Weitermachen konnte das „Du" in Albert E.N. Grays Beispiel von Konsistenz und Beharrlichkeit „an manchem Morgen als ein anderer Mensch in einer anderen Welt aufwachen und sich fragen, was mit dir und der Welt, in der du lebtest, geschehen ist".

Durch immer Weitermachen sind Sie, wie es der TV-Gameshow-Moderator Peter Marshall ausdrückt, wie die Eiche, „die bei starken Winden am stärksten wächst". Und er erinnerte uns daran, dass „Diamanten unter Druck geschaffen werden".

„Ich werde weitermachen, bis es mir gelingt. Immer werde ich einen weiteren Schritt gehen. Wenn das nichts nützt, werde ich einen weiteren und einen weiteren Schritt gehen. In Wahrheit ist ein Schritt nach dem anderen nicht zu schwierig. ... Ich weiß, dass kleine Versuche, wenn wiederholt, jedes Unternehmen abschließen werden."

– Og Mandino

Als meine 19 Jahre alte Tochter Ashley und ich in Taylor Creek im Kolob Canyon am nördlichen Ende des Zion-Nationalparks wandern gingen, dachte ich, wir würden eine Rundwanderung von fünf Meilen machen. Ashley dachte jedoch, es seien fünf Meilen pro Strecke. Also ging sie davon aus, dass wir wahrscheinlich nicht bis zum Ende gehen würden, sondern so weit, wie wir wollten, und dann würden wir umkehren.

Nachdem wir geraume Zeit gewandert waren, sagte Ashley: „Mutter, wir sind ziemlich weit gekommen; vielleicht sollten wir jetzt umdrehen."

„Oh Ashley, ich möchte wirklich gern bis zum Ende gehen", antwortete ich.

„Mutti, wir werden heute keine Zehn-Meilen-Wanderung schaffen!"

Ich sagte ihr, dass es eine Fünf-Meilen-Rundwanderung sei und nicht fünf Meilen pro Strecke und schlug vor, dass wir noch 10 oder 15 Minuten weitergehen. Wenn wir uns dann nicht mehr wohl fühlen sollten oder nicht das Gefühl hätten, dem Ziel nahe zu sein, könnten wir es überdenken.

Als wir diese 15-Minuten-Marke erreichten, trafen wir eine Familie beim Abstieg. Wir fragten sie, wie nah wir dem Gipfel waren und ob es sich lohnen würde weiterzugehen. Sie sagten: „Oh, es ist ganz nah. Ihr seid schon so weit gekommen, geht unbedingt weiter, es ist wirklich die Mühe wert! Es ist wunderschön dort!"

Mit neuer Entschlossenheit und Stärke beschlossen wir, Druck zu geben und weiter zu machen.

Und so ist es auch im Leben. Wenn Sie etwas zum ersten Mal tun, haben Sie keine Ahnung, wie lange es dauern wird. Sie wissen nicht, nach welchen Wegweisern Sie auf dem Weg suchen sollen, und Sie wissen nicht, wie nahe Sie dem Ziel sind. Viele Menschen halten kurz vor dem Erfolg an, weil sie des Wanderns müde sind und glauben, ihr Ziel sei einfach außer Reichweite, wo der Erfolg doch wirklich gleich hinter der nächsten Ecke warten kann.

Wir haben es bis zum Gipfel geschafft, und es war fantastisch. Steile Klippen von rotem Gestein, über die Wasser in schillerndem Gold, Grün und Gelb glitzerte – es ist spektakulär und unvergesslich. Und als wir zurückgingen, ermunterten wir jeden, den wir trafen, weiter zu gehen. „Gehen Sie weiter! Es ist wunderschön! Es lohnt sich!"

Halten Sie durch.

> *„Bevor Erfolg in das Leben eines Menschen kommt, wird er mit Sicherheit zeitweilige Niederlagen erleben und vielleicht manchmal versagen. Wenn die Niederlage einen Mann übermannt, ist es die einfachste und logischste Sache aufzugeben. Genau das tut die Mehrheit der Menschen."*
>
> *– Napoleon Hill*

Wenn es die schwersten ist, wenn Sie sich bis zum Maximum herausgefordert fühlen, dann denken Sie daran, dass man Fortschritt nicht durch Bequemlichkeit erreicht. Es entspringt aus Ihrer Fähigkeit, den Prozess des Hinaustretens aus Ihrer Komfortzone zu ertragen, um zu wachsen, sich weiter zu entwickeln und nach Ihrem höchsten Gut zu reichen.

Mein Sohn Shaun erkannte dies, nachdem er während seiner High-School-Jahre einen zerstörerischen Weg gegangen war. Er hatte eine Komfortzone in der Gesellschaft von Freunden gefunden, die nicht dorthin gingen, wohin er im Leben gehen wollte. Als er reifer wurde und begann zu begreifen, dass er die falsche Richtung gewählt hatte, traf er einige konstruktive Entscheidungen für sich selbst.

Instinktiv setzte er mit bemerkenswerten Beständigkeit einen Fuß vor den anderen, als er die erste und die zweite und die dritte richtige Handlung wählte. Im weiteren Verlauf machte er immer mehr Fortschritte, bis er eines Tages, so wie E. N. Gray es über Konsistenz geschrieben hatte, zu einem der Menschen geworden war, die „schließlich eines Morgens als ein anderer Mensch in einer anderen Welt aufwachen", und sich fragte, was mit ihm und der Welt, in der er gelebt hatte, geschehen war. Ich dachte daran, als ich ihn vor kurzem in seinem schönen Eckbüro in jenem Hochhaus in Long Beach besuchte. Dort war er, bekleidete eine wichtige Position, hatte erfüllende Arbeit und ein hohes Gehalt noch dazu.

Im Alter von 28 Jahren hatte sich Shaun von den dunklen Wegen, die ins Nirgendwo führten, abgekehrt und hatte bewusst eine völlig neue Welt für sich selbst geschaffen. Indem er zur Tat schritt und genug richtige Handlungen ausführte, betrat er eine Welt voller

Errungenschaften und Fülle mit viel Platz für mehr. Er war konsequent und ausdauernd.

Also, egal was Sie wollen, schreiten Sie zur Tat, seien Sie konsequent und halten Sie durch.

Ich habe immer daran geglaubt, dass ich möglicherweise nicht die Schnellste, die Klügste oder die Beste bin, aber dass ich gewinnen werde, weil ich nicht aufgebe.

MASTERMINDING ALS HANDLUNGSHILFE

Wenn Sie zu einem Zeitpunkt einer beliebigen Reise Maßnahmen ergreifen und etwas tun müssen, gibt es nichts Besseres als eine Mastermind-Gruppe. Der Prozess des Masterminding ist wie der Erwerb einer Reihe von Werkzeugen für verschiedene Aufgaben. Sie können sich damit aus der Isolation lösen ... Steckengebliebenes freischrauben ... sich in ein Thema hineinbohren ... einen Plan ausarbeiten ... auf schlechten Ideen herumreiten ... sich zu großartigen Inspirationen durchringen ... und so weiter, nur indem Sie bei zweckgerichteten Gruppentreffen miteinander sprechen und einander zuhören und Brainstorming betreiben.

Napoleon Hill hat mich vor vielen Jahren, als ich sein Buch Denke nach und werde reich gelesen habe, mit den Grundsätzen des Masterminding vertraut gemacht. Ich habe gelernt, dass Masterminding uns freien Zutritt zu einem kollektiven Pool von Informationen, Erfahrungen und dem kreativen Denken von Menschen gibt, die ähnliche Ziele verfolgen. Wir können dabei unsere Herausforderungen und Möglichkeiten durch die Augen von mitfühlenden Gleichgesinnten sehen.

Sie werden zu unserem Kreis der Sicherheit, wo wir offen über unsere Probleme sprechen, Rat suchen und neue Perspektiven gewinnen können. Und die Teilnehmer werden oft zu reichen Ressourcen von Kontakten in ihren eigenen Kreisen, die uns möglicherweise Türen öffnen und neue Beziehungen entstehen lassen.

> *„Immer, wenn zwei Köpfe zusammenkommen, erschaffen sie eine dritte, unsichtbare, immaterielle Kraft, die mit einem dritten Kopf verglichen werden kann."*
>
> *- Napoleon Hill*

Dieses Konzept des „dritten Kopfes" oder „dritten Geistes" hat es wirklich in sich. Masterminding versetzt Sie nicht nur in Aktion; seine Vorteile sind tiefgreifend und praktisch unbegrenzt.

Ich begann vor etwa 15 Jahren, an einer förmlich organisierten Mastermind-Gruppe teilnehmen. Heute verdanke ich einige der besten Dinge, die mir im Geschäft und im Leben passiert ist, dem Masterminding.

Man kann durchaus auch mehrere Mastermind-Gruppen für mehrere Zwecke haben! Jetzt sprechen wir Klartext. Zurzeit habe ich drei.

Eine meiner Mastermind-Gruppen besteht schon seit sieben Jahren. Ich habe die anderen Mitglieder bei einen Geschäftsseminar für Führungskräfte kennengelernt, bei dem die Anwesenden in Gruppen von je sechs Personen eingeteilt wurden, die ein Jahr lang bestehen sollten. Unsere Gruppe machte dann mehrere Jahre lang weiter. Bis zum heutigen Tag treffen sich drei von uns mindestens einmal im

Monat auf einer Telefonkonferenz und bis heute ist jedes Gruppengespräch spannend. Wir alle sind in verschiedenen Geschäftsbereichen tätig und befinden uns in unterschiedlichen Phasen unseres Lebens, doch wir verstehen uns gegenseitig sehr gut in Bezug auf alle Bereiche unseres Geschäfts- und Privatlebens, weil wir schon so lange Informationen austauschen. Es war wunderbar, einander durch so viele Herausforderungen und Erfolge hindurch zu begleiten. Wir haben einander auch helfen können, indem wir Kontakte zwischen den Vordenkern in verschiedenen Bereichen hergestellt und damit neue Türen geöffnet haben. All dies hat sich als eine außergewöhnliche gegenseitige Unterstützung erwiesen.

Meine zweite Mastermind-Gruppe besteht aus vier Frauen aus dem Geschäftsbereich des Network-Marketings. Die eine ist eine Rednerin/Trainerin und die drei anderen sind Vermarkter, alle mit unterschiedlichen Muttergesellschaften. Wir haben gerade den ersten sechsstelligen Einkommensmonat eines der Mitglieder gefeiert – eine Leistung, die sie in nur drei Jahren vom Grund auf verwirklicht hat. Ein weiteres Mitglied ist schon seit ihrem 19. Lebensjahr im Network-Marketing tätig und hat gerade ihr erstes Kind bekommen. Ich bin in der Lage, ihr mit meinen 24 Jahren Erfahrung als Mutter im Network-Marketing und bei der Schaffung eines Gleichgewichts zwischen Beruf und Familie zu helfen. Im Gegenzug lerne ich wiederum viel von den anderen Mitgliedern. Und da wir alle ein ähnliches Niveau von Erfolg erreicht haben und wissen, was zu tun ist, wenn man ein erfolgreiches Geschäft aufbauen will, können wir uns auf Probleme auf hoher Ebene konzentrieren, die spezifischen und gezielten Rat erfordern.

Meine dritte Mastermind-Gruppe besteht aus drei tatkräftigen Menschen, die an einem einjährigen Trainingsprogramm für Branding teilnehmen. Da wir alle das gleiche Material durchnehmen und es umsetzen wollen, haben wir die Initiative ergriffen, eine Mastermind-Gruppe zu bilden, um unseren Lernerfolg zu verstärken. Wir treffen uns einmal wöchentlich, um einander gegenüber gegenseitig Rechenschaft abzulegen, inwieweit wir unsere Module durchgearbeitet haben, zu erörtern, wie das Programm sich in unseren Unternehmen bewährt, und einander zu helfen, bei unseren jeweiligen Bemühungen eine weitere Stufe höher zu kommen.

Einige der besten Ideen hinter dem Erfolg, den ich heute genieße, kamen aus solchen Mastermind-Gruppen. Und ich habe dank Empfehlungen aus diesen Gruppen viele wundervolle Menschen kennengelernt, die mir immer wieder neue Türen geöffnet haben. Ich sehe mit großer Freude noch viel mehr positive Ergebnisse kommen.

„Du bist heute derselbe Mensch, der du in fünf Jahren sein wirst. Nur zwei Dinge können das ändern: die Menschen, die du kennenlernst und die Bücher, die du liest."

– Charlie „Tremendous" Jones

ÜBUNG 6-4:

Das Handlungsrad

Immer, wenn ich ein neues Großprojekt anpacke, fülle ich die Lücken in einem Handlungsrad aus. Dieses hier ist für Sie. Schreiben Sie Ihr Ziel in die Mitte, dann füllen Sie die einzelnen Speichen des Rades mit Handlungsschritten für ihre Verwirklichung aus. Stellen Sie sicher, dass Sie innerhalb der nächsten 24 Stunden ein oder zwei dieser Handlungen durchführen.

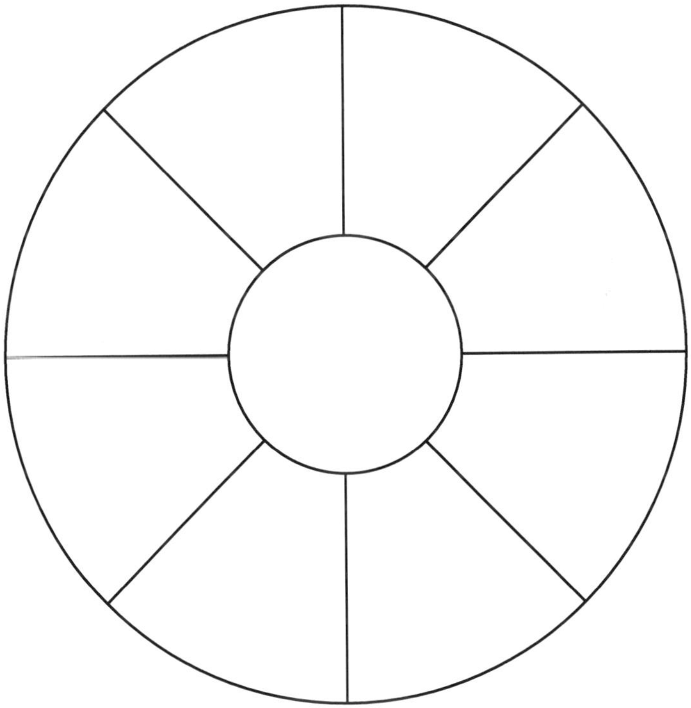

KAPITEL 7

Seien Sie dankbar

„Seien Sie dankbar für das, was Sie haben, und Sie werden am Ende mehr haben. Aber wenn Sie sich darauf konzentrieren, was Sie nicht haben, werden Sie nie und nimmer genug haben."

– Oprah Winfrey

Dankbarkeit ist die allerwichtigste Eigenschaft, die Sie allgegenwärtig in sich aufrechterhalten müssen. Ich hab es bereits früher gesagt und habe versprochen, es wieder zu sagen: Sie können nicht anziehen, was Sie noch nicht haben, wenn Sie nicht dankbar sind für das, was Sie jetzt schon haben.

Eine konstant anwesende Haltung der Dankbarkeit ist der Schlüssel zu einem glücklichen Leben. Wir haben Träume und Ziele und Wünsche, von denen wir wissen, dass sie uns glücklicher machen werden. „Ich werde glücklich sein, wenn" ich diese Arbeitsstelle verlassen kann. „Ich werde glücklich sein, wenn" die Kinder aus dem Haus sind. „Ich werde glücklich sein, wenn" das Haus abbezahlt ist. Und so weiter. Und Glück wird zu diesem schwer fassbaren Ding, das irgendwann in der Zukunft eintreten wird. Aber das Leben ist kein Übungslauf. Das Leben findet jetzt statt. Genau hier. Genau jetzt.

Warum sollten wir also mit irgendwelchen „Wenn" und „Falls" unser Glück auf einen unbekannten Zeitpunkt in der Ferne verlegen? Warum sollten wir das Glück nicht schon heute empfinden? Lassen wir doch das Glück unser Wegbegleiter auf unserer Reise zu unseren Zielen sein. Ich glaube, das ist möglich, wenn wir mit einem dankbaren Herzen leben.

> *„Zum Glück kann man nicht reisen und man kann Glück nicht besitzen, erwerben, anziehen oder aufbrauchen. Glück ist die spirituelle Erfahrung, das Leben jede Minute mit Liebe, Demut und Dankbarkeit zu erleben."*
>
> *- Denis Waitley*

Wie Sie die Welt sehen sollten

Während Sie Ihre tiefsten Wünsche in sich selbst wachsen lassen, sehen Sie Ihre Welt mit kindlichen Augen. Sehen Sie alles als neu und frisch. Sehen die Menschen und Dinge, die Sie allzu leicht für selbstverständlich halten, durch die Augen der Dankbarkeit und wenden Sie sich ihnen mit dankbarem Herzen zu.

Mir gefällt, was Bruder David Steindl-Rast in seinem Buch Gratefulness, the Heart of Prayer (Deutsch: Fülle und Nichts: Von innen her zum Leben erwachen) schrieb. Er verbindet Dankbarkeit mit Staunen und Staunen mit Erwachen. Woraus erwachen? Aus dem Tod, den wir sterben, indem wir Dinge für selbstverständlich halten.

Er nutzt als Beispiel einen Regenbogen. Er sagt, ein Regenbogen käme immer überraschend und schaffe es immer wieder, uns aus dem Alltag zu erwecken, in dem wir die Dinge als selbstverständlich betrachten.

Er sagt: „Gelangweilte und langweilige Erwachsene werden wieder zu begeisterten Kindern, wenn sie einen Regenbogen sehen. Wir begreifen nicht, was es war, das uns in Staunen versetzte, als wir den Regenbogen sahen. Was war es? Plötzlich kommt so ein Gratisgeschenk zu uns, und gratis ist alles, was da ist."

Er ermutigt uns dazu, das ganze Leben mit demselben Grad von Staunen zu betrachten, damit wir zwar die gleichen alten Dinge sehen und erleben wie an jedem anderen Tag, sie aber aus einer neuen Perspektive betrachten, die uns belebt.

„Was auf unseren Wegen zur Erfüllung zählt, ist, dass wir uns der großen Wahrheit erinnern, die Momente des Staunens uns lehren wollen", schreibt er. „Alles ist gratis, alles ist ein Geschenk. Der Grad, zu dem wir für diese Wahrheit erwachen, ist das Maß für unsere Dankbarkeit, und Dankbarkeit ist der Maßstab für unsere Lebendigkeit."

Die Schwingungsfrequenzen der Gedanken

Wie viele andere Menschen glaube auch ich, dass unsere Gedanken bestimmte Schwingungen haben. Es gibt niederfrequente Schwingungen wie Scham, Schuld, Angst, Wut, Hass usw. - und es gibt hochfrequente Schwingungen wie Dankbarkeit, Liebe, Glückseligkeit, Optimismus, Stabilität und Durchhaltevermögen auch angesichts von Enttäuschung. Wie viele andere Menschen glaube ich auch, dass diese Schwingungen mehr von ihresgleichen wieder zu uns anziehen.

Dankbarkeit hat eine so hohe Schwingungsfrequenz, dass sie fast jeden Geisteszustand ändern kann und sie kann auch fast augenblicklich ändern, was auch immer Sie gerade anziehen. Wenn Sie sich ängstlich, überwältigt, enttäuscht, entmutigt, gereizt, wütend, traurig fühlen, was auch immer – dann fällt es Ihnen möglicherweise schwer, ganz schnell zu Ruhe oder Frieden oder Vergebung zu wechseln. Aber Sie können immer in der Dankbarkeit Zuflucht finden. Und damit ändert sich alles. Sie können sich im Handumdrehen selbst heilen, indem Sie dankbar für das sind, was Sie jetzt haben.

> *„Dankbarkeit entsperrt die Fülle des Lebens. Sie macht uns klar, dass wir bereits genug und mehr als genug haben. Sie kehrt Leugnung in Akzeptanz um, Chaos in Ordnung, Verwirrung in Klarheit. Sie kann eine Mahlzeit in ein Festmahl verwandeln, ein Haus in ein Heim, einen Fremden in einen Freund. Dankbarkeit gibt unserer Vergangenheit einen Sinn, bringt uns Frieden für heute und schafft eine Vision für morgen."*
>
> *– Melody Beattie*

Die Wahl zu treffen, dankbar zu sein, ist so einfach. Und es ändert wirklich alles.

> *„Du kannst nicht dankbar und bitter sein. Du kannst nicht dankbar und unglücklich sein. Du kannst nicht*

dankbar und ohne Hoffnung sein. Du kannst nicht dankbar und lieblos sein. Also sei einfach dankbar."

- Autor unbekannt

Alles, was Sie schätzen, wird vermehrt zu Ihnen kommen. Und Sie haben viel, wofür Sie dankbar sein können.

„Wenn Sie heute Morgen mit mehr Gesundheit als Krankheit aufgewacht sind, haben Sie größeres Glück als eine Million von Menschen, die diese Woche nicht überleben werden. Wenn Sie Lebensmittel in Ihrem Kühlschrank, Kleider auf Ihrem Körper, ein Dach über dem Kopf und einen Platz zum Schlafen haben, sind Sie reicher als 75 Prozent der Weltbevölkerung. Wenn Sie Geld in der Bank oder im Portemonnaie haben, gehören Sie zu den Reichen der Welt. Wenn Sie Ihren Kopf mit einem Lächeln auf dem Gesicht hochhalten und wirklich dankbar sind, sind Sie gesegnet, denn die Mehrheit der Menschen kann es tun, doch die meisten tun es nicht."

- Autor unbekannt

Das ultimative Dankeschön

Lassen Sie jeden Morgen, wenn Sie aufwachen, und jeden Abend, wenn Sie zu Bett gehen und es still wird, und den ganzen Tag über an allen Ihren Tagen die Dankbarkeit über sich fließen und Herz, Geist und Seele mit ihrer warmen und beruhigenden Essenz überfluten. Und drücken Sie sie immer überschwänglich aus.

> *Wenn das einzige Gebet, das du jemals sprichst, aus dem Wort Danke besteht, dann reicht es.*
>
> – *Meister Eckhart*

Nachwort

Zum Abschluss merken Sie sich:

> *„Es gibt keine Geheimnisse des Erfolgs. Erfolg ist das Ergebnis von Vorbereitung, harter Arbeit und des Lernens aus Fehlern."*
>
> *– Colin Powell*

Das ist richtig. Es gibt keine Geheimnisse! Die Schritte, die Sie in diesem Buch durchgenommen haben – haben alles abgedeckt. Das ist alles, was es gibt!

Warten Sie nicht, um irgendwelche Geheimnisse zu erfahren. Es gibt keine. Sie haben mit einer klaren und unerschütterlichen Bestimmung dessen begonnen, was Ihre Lebensaufgabe ist, und Sie haben entschieden, was Sie wollen. Sie haben Glauben und Vision aufgebaut. Sie haben sie mit Ihrem Herzen verbunden. Handeln Sie jetzt. Handeln Sie konsequent weiter.

Um zu handeln, müssen Sie furchtlos sein, müssen Sie ein Ziel im Auge haben, das Sie motiviert, Sie müssen bereit sein, Opfer zu bringen, und Sie müssen tun, was auch immer nötig ist. Dringend.

Und es wird Ihnen nicht versagt bleiben. Sie werden auf Ihren Platz treten, Sie werden ein sinnvolles Leben führen und Sie werden erhalten, was Sie wollen, und Sie werden die Welt verbessern.

Über die Autorin

Margie Aliprandi hat ihr Leben lang andere gelehrt, unterhalten und beraten und sie bringt Herz und eine einzigartige Perspektive in ihre Arbeit als Autorin, Trainerin und internationale Rednerin im Bereich des Wohlstandscoachens und der Persönlichkeitsentwicklung ein. Bisher hat sie eine bedeutende Rolle in der Schaffung von mehr als 1.000 Millionären gespielt.

Margie wurde im Alter von 14 Jahren zu Miss Teenage Utah gekrönt und wurde später Mrs. Utah. Sie trat als Sängerin und Schauspielerin auf und als Sprecherin in nationalen Radio- und Fernseh-Werbespots. 1989 gab sie den Karriereweg als Musiklehrerin auf und baute stattdessen für Neways International, eine Gesellschaft mit Geschäftssitz in Utah, eine der heute weltweit größten Organisationen im Direktvertrieb auf, die sich über 29 Länder erstreckt und ein Team von mehr als 250.000 Vertriebspartnern umfasst. Sie erreichte in ihrem ersten Jahr ein fünfstelliges Monatseinkommen, innerhalb von drei Jahren den Millionärsstatus und belegte Platz 61 unter den 500 Topverdienern im Network-Marketing weltweit. Sie wurde auch zu dem höchsten 1 % der Produktiven im Network-Marketing weltweit gezählt und hat von ihrer Gesellschaft jede nur mögliche Auszeichnung erhalten, einschließlich des weltweit erstmals verliehenen Ranges eines Crown Diamond.

Margie ist Autorin von Take Charge, Heal Yourself und mehreren Training-Audios, darunter Millionaire Mindset, Energy of Success und

Ten Steps to the Top of Your Pay Plan. Ihre Geschichte wird in den Filmen Pass It On Today und Go For No sowie in zahlreichen Publikationen, darunter in Four Year Career von Richard Brookes, Greatest Networkers in the World von John Milton Fogg und How to Become Filthy, Stinking Rich through Network Marketing von Valerie Bates, Derek und Shelby Hall und Mark Yarnell erzählt.

Margie verbringt ihre Freizeit in ihrem Haus in Utah oder in Colorado, wo ihr Verlobter lebt, oder an Ihrem Zweitwohnsitz in Kalifornien, wo ihre Kinder leben. Sie liebt Yoga, Spaziergänge, Radfahren, Wandern, Bootfahren, Wasserski, Tauchen, Gourmet-Küche und das Organisieren fabelhafter Partys. Ihre vier erwachsenen Kinder sind Shaun, Nicole, Todd und Ashley.

Margie bereist die ganze Welt als gefragte Rednerin zu Themen der Persönlichkeitsentwicklung, Geschäfts- und Erfolgsgrundsätzen und einer optimalen Gesundheit. Wenn Sie ihre Dienste als Rednerin in Anspruch nehmen möchten, wenden Sie sich an Margie oder besuchen Sie www.margiealiprandi.de/book-margie.